まだある。

今でも買える“懐かしの昭和”カタログ ～玩具編 改訂版～

初見健一

大空ポケット文庫

凡例

❶本書には、主に一九六〇〜七〇年代、いわゆる「高度成長期」に発売された商品、または、この時代を子どもとして生きた人々の記憶に強く残っていると思われる商品を中心に、一〇〇点の「玩具」を掲載した。

❷商品の流通には地域差があり、従って商品にまつわる記憶にも地域差が出るが、本書では視点を当時の東京に置いた。しかし、いくつかの例外をのぞいて、全国規模で認知されている商品を選別した上で掲載した。

❸商品は発売年順に羅列した。メーカー側が発売年を正確に特定できないものについては、「一九六〇年ごろ」「一九六〇年代前半」などと表示した。メーカーでは発売年不明だが、工場や問屋、店舗などでおおよその発売年が推定できたものは、大まかな年代を記載した。発売年がまったく特定できなかったものについては「不明」とした。また、商品によっては、シリーズ最初の発売年に続けて、掲載した最新商品の発売年を（ ）内に表示した。

❹原則として、販売期間・数量限定の「復刻商品」は除外した。しかし、期間も数量も限定されていない「復刻商品」については掲載し、その場合は最初の発売年に続けて（ ）内に復刻年を表示した。

❺価格については、メーカー希望小売価格が設定されているものは、その金額を税抜き価格で表示した。メーカーの方針により一定の価格表示ができないものについては、「五〇〇円前後」「販売店によって異なる」などと表示した。

まだある。

今でも買える〝懐かしの昭和〟カタログ ～玩具編 改訂版～

タイガー印のゴム風船

大正元年創業、今では唯一の国産風船メーカーであるタイガーゴムの各種風船。ここでは代表的な三種の風船を紹介する。まずは風船の基本形、「バラ箱入ゴム風船」。原料や製法などは随時改良されてきたが、創業当初からの看板商品だ。お次は、笛を鳴らしてピューッと宙を飛ぶ「ジェット風船」。一九七〇年、大阪万博のお祭り気分のなかで「空飛ぶ風船！」として登場。当時はあまり認知されず、テレビＣＭも打ったそうだ。そして、いわゆる「水風船」と呼ばれた「水玉風船」。もともとはボリビアのお祭りで使われていたモノで、日本に入ってきたのは八〇年前後らしい。

個人的に思い出深いのは、中学時代にちょっとしたブームになった「水風船」。休み時間にチームに分かれての「水風船戦争」を楽しんだ。おそらく、このころが「日本上陸」の時期だったのだろう。中学になって風船遊び？　と思うかもしれないが、「水風船戦争」はエアガンの銃撃戦以上にスリリングなのである。ただ、学校で行うには適さない遊びで、多くの子がびしょ濡れの制服で次の授業を受けることになった。

匂いも、アトピーの誘発も少ない脱タンパク天然ゴムラテックスを使用。これを使った風船の開発は世界でも同社が初めて。現在の原料は液体だが、その昔は固形シートで輸送されるゴムを火で溶かして使った。火災の危険もあり、風船工場は野原のど真ん中などに建設されることが多かったそうだ

●タイガー印のゴム風船

発売年：1912年　価格：箱入りバラ1個10円前後、ジェット30円前後、水玉1袋50円前後

問合せ：株式会社タイガーゴム／06-6781-3331

へび玉《たま》（へび花火）

家族で花火。いかにも夏の夜らしい光景である。我が家もよく玄関先のささやかな「花火大会」を開催した。浴衣に着替え、水を張ったバケツ、蚊取り線香などを準備し、近所に住むいとこ姉妹を招いたりして、玄関先は夏休みならではの気分に満たされる。こういうときに絶対やってはいけないのが、この「へび花火」なのである。

たいていの花火は、「ワーッ」とか「キャーッ」とか、みんなで楽しげな歓声をあげながら眺めるものだが、この「へび花火」をはじめると、なぜか周囲はシ～ンとしてしまう。光も音も発しない花火なので、見物人は地べたにしゃがみ、顔を近づけて眺めるほかない。眺めるというより、「観察」である。家族みんなでワイワイ楽しむはずの「花火大会」が、家族が頭を寄せ合い、ニョロニョロうごめく不気味なドス黒い物体をただジーッと見つめるだけの「寄生虫観察会」みたいになってしまうのだ。

これは花火というより、友人とこっそり楽しむ「火遊び道具」だ。真昼間に公園のすみなどでやると、「うぇ～、気持ち悪～い」とけっこう盛り上がれるのである。

不明（1910年代？）

点火するとシューッという音とともにニョロニョロと伸びはじめ、怪しくのたうつ。子どものころはアハハッ！と笑って眺めたが、今見るとかなりグロテスク。中国製の商品で起源は不明。老舗の花火問屋、立岩商店によれば、同社創業の1910年代後半にはすでに日本でも売られていたそうだ

●へび玉（へび花火）

発売年：不明（1910年代？）　価格：60円

問合せ：合資会社立岩商店／095-822-1305

おきあがりポロンちゃん

「おくるみ」を着た愛くるしい赤ちゃんをモチーフにした「起き上がり人形」。チョンと頭をつつくとゆらゆら揺れて、コロンコロンときれいなチャイムの音を奏でる。我々世代の幼少期も、そして現在も、この「ポロンちゃん」は、生まれてきた赤ちゃんが最初に買ってもらうおもちゃの代表だ。特に昭和の時代は、赤ちゃんのそばには必ず「ポロンちゃん」もいる、というほどの定番商品、いや、一種の必需品で、どこかの家庭で新生児が生まれると、親戚の誰かしらが必ずこれをお祝いに贈るという「ならわし」があったと思う。商店街のおもちゃ屋さんにもコーナーが設けられていて、赤やピンクの「ポロンちゃん」がズラリと並んでいたのを覚えている。

「ポロンちゃん」の歴史をたどると、ルーツはなんと大正時代。一九二六年、現在のローヤルの前身であるローヤルセルロイド株式会社から発売されたセルロイド製の「起き上がり人形」が元祖だ。「七転び八起き」の縁起物として、江戸時代から親しまれてきた郷土玩具の「起き上がり小法師」をヒントに開発された。

●おきあがりポロンちゃん

発売年：1926年　価格：25cm 2980円、
27cm 3480円、30cm 3980円
問合せ：ローヤル株式会社／03-3842-4756

この種の「起き上がり人形」を製造しているのは国内でローヤルのみ。昔も今も職人の手作業によって一貫生産されている。ちなみに藤子・F・不二雄の「『ドラえもん』誕生秘話」によれば、「ドラえもん」のキャラクターデザインは「ポロンちゃん」とネコをミックスすることから思いついたのだそうだ。右の写真は現行品内でもっともオリジナルに近いNo.347（27cm3480円）

点取占

現在、カルトアイテムとして再評価されている駄菓子屋の「おみくじ」（と呼んでいいのかなぁ?）だが、昔から僕はどうも好きになれなかった。「おみくじ」に書かれた理解不能な短い文章を読みつづけるうち、不安な気分になってしまうのである。たとえば「お化けの一ツ目小僧と三ツ目小僧とどちらがすきですか　4点」。この謎めいた質問のほかには、変な記号となぐりがきのようなイラストがあるだけ。次のを引くと「お前の相手はしていられない　4点」。さらに「お前ははづかしいと思へ　1点」……。「おみくじ」である以上、なにかを占わなければならないはずの文章が、唐突に問いかけてきたり、脈絡もなくケンカを売ってきたりするのである。

大阪のミヤギトーイから戦前に発売され、現在はワカエ紙工が引き継いでいる。くじの内容はミヤギトーイ時代のままだが、当初は三〇〇〇種（現在は六七二種）の内容があり、これをミヤギトーイの社長がほぼひとりで捻出《ねんしゅつ》した。意味や脈絡を考えるいとまもないまま、頭に浮かぶ思考の断片をただひたすら書き取っていったらしい。

カスレと誤植が目立つ活版の文字と、絵心を感じさせないイラスト。実験的な文学作品のような趣さえある。ちなみに、イラストの多くもミヤギトーイの社長が自ら描いたのだそうだ。一応、遊び方にはルールがあり、パッケージ裏面には点数計算方法（けっこう複雑）なども解説されている

●点取占

発売年：1935年　価格：100円

問合せ：ワカエ紙工株式会社／06-6747-4721

スリンキー

写真を見て、「え？『トムボーイ』じゃないの？」と思った人もいるだろう。そう、あのシャーッ、シャーッと音をたてて階段を下りるスプリングは、一九六〇年代後半、日本では「トムボーイ」の名でブレイクした。が、元祖はこれ。日本でのブームより二〇年以上も昔に、米国の航空技師によって「発明」された玩具なのである。「トムボーイ」は、この「スリンキー」をヒントに三光発条というメーカーが売り出したモノ。この会社、玩具メーカーではなく、ちゃんとした工業用のバネ製造会社。残念ながら「トムボーイ」はとっくに販売を終了し、縁日や一〇〇円ショップには安価なプラスチック製がはびこっている。が、やはりこの玩具は金属製であってほしい。

実家が木造二階建てだったころ、家の中心に大きな階段があった。子どもにとっては格好の遊び場で、いろんなモノを落下させてよく親に怒られたが、その階段が最大限に活用されたのはやはり「トムボーイ」の流行期である。「伸びてからまって捨てられる」のがこの玩具の宿命だが、我が家の「トムボーイ」も例外ではなかった。

「トムボーイ」に比べてかなり頑丈。幅の広い板状の金属でつくられているので、からまる心配もなさそうだ。「トムボーイ」は金色で、もっと細い針金状のスプリングだった記憶がある。一度こんがらがると、なかなかもとに戻らず、無理に戻すとグニャ〜と伸びて使いものにならなくなった

●スリンキー

発売年：1945年
価格：1500円前後（輸入品のため販売店によって異なる）
問合せ：Poof-Slinky, Inc.／http://poof-slinky.com/

ポリバルーン

「セメダイン」のようなネバネバをストローの先につけ、プーッとふくらませる通称「ビニール風船」。「サンバルーン」「トラバルーン」「プラバルーン」など、さまざまな類似商品があるが、この「ポリバルーン」は現存するモノのなかでは最古参。これ以前に元祖とされる商品があったそうだが、会社ごと消滅してしまったのだとか。「ポリバルーン」に有害物質は含まれていないが、かつて駄菓子屋に出まわっていたモノはかなり怪しかった。あの「危険な香り」を覚えている人も多いだろう。忘れられないのは、園児時代、友だちの「よっちゃん」と風船をふくらませながら歩いていたときのこと。「フミちゃん」の家の前を通ったら、彼が二階の窓から顔を出し、「今、『ウルトラQ』やってるよ」と声をかけてきた。「ウソッ！」と驚き（『ウルトラQ』はめったに再放送をしなかった）、ふたりで僕の家に猛ダッシュ。ストローをくわえたまま走ったのがいけなかったらしい。すぐにクラクラとひどい目まいがして、ふたりともヘロヘロになってしまった。生まれて初めてのラリパッパ体験である。

●ポリバルーン

発売年：1955年ごろ　価格：30円前後

問合せ：石原ポリケミカル工業株式会社／072-332-2621

パッケージデザインは現行品で5代目。長らく気球のイラストをあしらったデザインが採用されていたが、数年前にリニューアル。現代風（？）の動物イラストになってしまい、ちょっと残念

チエンリング

「リリアン」などと並ぶ女の子向け駄玩具の代表。「カエルのコロちゃん」（空気圧で飛ばすカエルの元祖的存在。残念ながら絶滅）や、別項で紹介している「花おはじき」（「フラワーチェーンオハジキ」）などを製造するホームラントーイの看板商品だ。商品名の「チエン」は「チェーン」がなまった（？）もの。もともとの開発は村田ゴムプラという会社の創業者で、後にホームラントーイが製造を引き継いだ。

アイデアしだいで遊び方は無限。基本はやはりネックレスやブレスレットなど、女の子のアクセサリー製作だが、花の形に連結したリングを使ったお手玉も定番。小学生時代、クラスの女の子たちの間でちょっとしたブームになっていた。お手玉を投げたりキャッチしたりするたびに、チャラッ、チャラッと小気味のよい音が教室に響いていたのを覚えている。また、男の子の間でも流行したことがある。なぜか自転車のスポークに装着することが大ブームになったのだ。なんの意味があったのかはよくわからないが、今でもたま～に「チエンリング」つきの自転車を見かけることがある。

材料はやわらかくて折れにくい塩ビ。小さな子どもの力でも曲げやすく、簡単につなげることができる。鮮やかで多彩なカラーも大きな魅力。左の写真の袋入りは1個30円前後

●チエンリング

発売年：1950年代なかば　価格：300円前後(ケース入り)
問合せ：株式会社ホームラントーイ／03-3678-9317

ドラゴンシリーズ

半世紀以上の歴史を持つ「噴出花火」（火花を噴き上げるタイプの花火）の代表的存在。「噴出花火」を総称して「ドラゴン花火」と呼んだりする人もいるが、手づくりの「和火」にこだわりつづける老舗花火メーカー、太田煙火製造所の看板商品こそ、正真正銘の「ドラゴン」なのである。……ところが、その元祖「ドラゴン」は二〇〇八年にひっそりと販売終了。「ドラゴン」シリーズ自体は健在で、今後も「ジャック」「エース」などの後継商品の販売は継続される予定だが、あの一番小ぶりで、もっともシンプルなオリジナル「ドラゴン」はすでに幻の商品と化してしまった。

かつて、ささやかな「家族の花火大会」の主役は常に「ドラゴン」だった。針金製の手持ち花火あたりが前座、続いて先端がキャンディーの包みのようになっているカラフルな手持ち花火、ねずみ花火などでちょっと気分を変え、そしてクライマックスに「ドラゴン」。家の玄関先などで楽しむには、あのほどよい派手さがちょうどよかった。ラストはもちろん線香花火で、なんとなく家族全員シンミリとして「お開き」。

今もひとつひとつ手づくりで製造される。家庭用の花火が大型化していく昨今、「頑固に小型」を維持しているのもメーカーのこだわりだ。ラインナップは「ニュージャック」「ニューエース」「ダッシュ」、そして「ビッグドラゴン」の4種。ちなみに、昔も今もパッケージをそっくりマネしたパチモンも出まわっているので要注意

●ドラゴンシリーズ

（左：ニュージャック、中央：ニューエース、右：ダッシュ、奥：ビッグドラゴン）

発売年：1950年代なかば　価格：ニュージャック120円、ニューエース100円、ダッシュ80円、ビッグドラゴン200円

問合せ：株式会社太田煙火製造所／0564-51-2801

獅印優秀巻玉

後にプラ製が主流となったが、その昔はブリキ製だった専用ピストルに装填《そうてん》する巻玉火薬。撃つたびに一コマずつ巻紙が送り出されるので連射が可能で……などと説明しなくとも、僕ら世代の元・男の子なら、あの独特の赤い紙色が目に焼きついているだろう。銃撃戦の最中、銃の上部からヘロヘロと伸びる「使用済み部分」を素早くちぎり取って捨てるという行為が、なんか「カラの薬莢《やっきょう》を捨てる」感じに似ていて、ちょっとカッコよかった。何発も撃っているうちに少しずつ紙の送り出しにズレが生じ、撃鉄が「空振り」してしまうことも多い。そういう「不発弾」もまた味わいのうち。

ほかにシート状の平紙タイプもあって、主に高価な金属製のモデルガンに使用した。一コマずつ切り取って薬莢に詰めるのだが、誰もが一度はやってしまう失敗が「詰めすぎ」。「ひとつだと音がセコい」などと詰め込めるだけ詰め込んでしまう。この状態で引き金を引くと、爆発音とともに弾倉の後ろ側から炎が噴き出す。「熱ッ！」などと叫んで重たい銃をつま先の上に落とし、地獄の苦しみを味わうことになるのである。

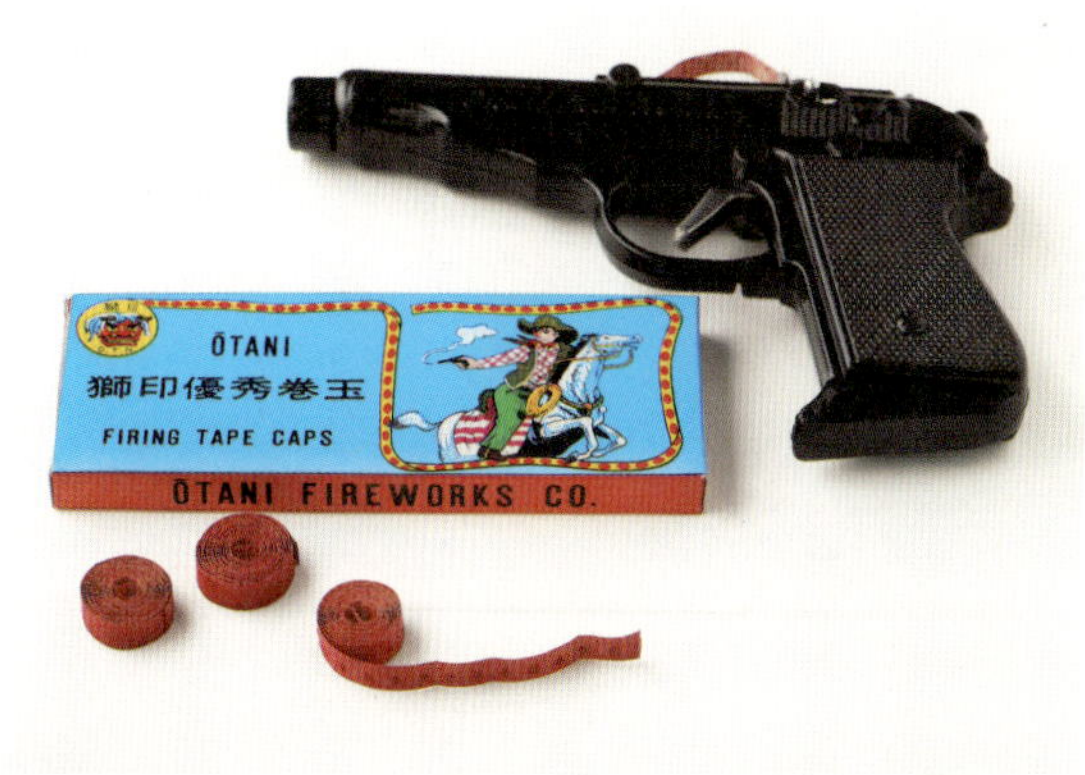

撃ったあとに漂うガンスモークと火薬の香りが男の子ゴコロを刺激した。少量生産でオーダーに応じられないこともあるため、社名などは非掲載。ネット上にも販売するショップは多いので探してみて(無責任)。同種の火薬では、黄色い箱の「鬼印」ってのもあった

●獅印優秀巻玉

発売年：1950年代なかば　価格：100円前後(銃は別売り)
問合せ：非掲載

野球盤スプリットエース

どういうわけか僕は野球に興味が持てない子どもだったのだが、僕が小学生時代を過ごした七〇年代はプロ野球人気の全盛期だった。玩具、文具、お菓子、ファッションにまで野球関連商品があふれ、テレビCMにも野球選手たちが登場し、「『オロナミンC』は小さな巨人です！」とか「『ナボナ』はお菓子のホームラン王です！」とか言っていた。野球嫌いの僕でさえ、こういう風潮に押し流されて、王選手の「七五六号記念Tシャツ」を親に着せられたり、七〇年代後半に流行したガチャガチャの「野球バッジ」を、セ・リーグとパ・リーグの区別もつかないくせに集めまくっていた。

もちろん、この「野球盤」も当時の少年たちの必携玩具。僕自身は所有していなかったが、クラスの男子のほとんどが持っていたと思う。僕も「野球盤」遊びにつき合っているうちに、興味のない野球のルールを覚えてしまった。「野球盤」限定の知識なので、「スクイズ」とか「タッチアップ」とか「ヒットエンドラン」とか、「野球盤」のなかで起こらない野球のアレコレについては、いまだに意味がわからない。

野球盤といえばエポック社だが、そもそも同社は、創業者の前田竹虎氏が野球盤を販売するために設立した会社。1972年には「消える魔球」搭載機が発売され、大ブームを起こした。最新型「スプリットエース」はダイナミックな変化球が可能になり、実践さながらの投打の駆け引きが楽しめる

●野球盤スプリットエース

発売年：1958年(2014年)　価格：3980円

問合せ：株式会社エポック社／029-862-5789

プラレール

もはや説明不要だろう。一九六〇年代初頭から現在まで、定番の鉄道玩具……というより「男の子の基本アイテム」として君臨しつづける「プラレール」である。

そのルーツは、一九五九年に発売された「プラスチック汽車・レールセット」という商品。トミー創業者がヨーロッパ製の木製の汽車とレールのセット玩具を目にして、これに触発されて開発を思いついた玩具だ。当時、国内の玩具の主流はブリキなどの金属製だったが、新素材であるプラスチックを採用する形で開発が進められ、「ちゃぶ台」の上で遊べるようにレールのサイズを設定し、それに合わせて車両も設計された。この商品はあくまでもプラスチック製の電車を手で走らせて遊ぶ玩具だったが、一九六一年、これにモーターを積んだ「電動プラ汽車セット」が発売される。この商品の登場によって、現行「プラレール」の構造やコンセプトはほぼ完成する。辛口商品批評でおなじみの『暮しの手帖』(ダメなものは「社会悪!」として断罪していた)が「優良玩具」と絶賛したことが話題になり、一気にヒット商品になった。

© TOMY　「プラレール」は株式会社タカラトミーの登録商標です

1964年に発売された「夢の超特急ひかり号」が爆発的なヒットを記録した。発売当初から現在まで、レールの規格はいっさい変わっていない。親子3世代が所有する「プラレール」それぞれが、ちゃんと連結できるのである。これまでに発売されたシリーズは累計1160種、1億5000万個以上を販売している

●プラレール（E7系北陸新幹線かがやき立体レールセット）

発売年：1959年　価格：5000円

問合せ：株式会社タカラトミー／0570-04-1031

カラースモークボール（煙幕玉）

もの心がついたときには『サスケ』を見ていたし、園児時代は『仮面の忍者 赤影』の再放送を見てから幼稚園に通っていた。変身ヒーローが席巻してからも、『変身忍者嵐』『快傑ライオン丸』などが放映されていたし、そういえば『ガッチャマン』だって「科学忍者」だ。七〇年代は、まだまだ「忍者モノ」が人気だったのである。

この「カラースモーク」も、花火というよりは「忍者ごっこ」用のアイテムだった。子ども時代は「煙幕玉」とか「煙玉」と呼んでいた。火をつけるとモクモクと毒々しい色の煙（紫、黄、青など、玉の色によって煙の色も違う）を噴出する。地面に置いて忍者風の「雲隠れ」を演じる（目がシバシバするうえにゴホゴホと咳きこむことになる）のが基本の遊び方だが、最終的には必ず「投げ合い」になった。カラフルな煙を吐き出しながら「煙幕玉」が公園などを飛び交うことになるので、周囲の人はさぞや迷惑だったと思う。そして、それにも飽きてしまうと、火のついた「煙幕玉」をブロック塀越しに他人の家の庭先に投げ込んで逃げる……なんてことはしていません。

もともとは台湾で開発された製品らしい。国内では50年代に大洋火工が製造。当時は、今はなき「かんしゃく玉」に代わる新商品として発売されたそうだ。同社廃業後、80年代に井上玩具煙火が引き継いだ

●カラースモークボール(煙幕玉)

発売年：1950年代後半　価格：4個入り160円前後
問合せ：井上玩具煙火株式会社／電話番号非掲載

ロウ石

　住宅街などをウロウロ歩いていて、裏路地に入ったとたん、道端にイビツな輪っかがいくつか、たどたどしい線で描かれているのを発見すると、「おおっ！」と心のなかで叫んでしまう。今でも「石蹴り」なんぞを楽しむガキが存在するのか、とうれしくなってしまうのである。我々の子ども時代、子どもたちが「縄張り」としていた裏道、駐車場、人の家の壁などには、多くの落書きが残されていたものだ。それを見れば、「あ、女どもがここでケンケンパをやったな」とか、「あいつらがここをホームベースにして野球をやったな」とか、「誰かがマルバツをやったな。この負け方をしたヤツは本物のバカだな」とかがわかってしまう。遊びの痕跡がそのまま放置されていたわけだ。もちろん「たけしのバカ」とか、「かな子のブス」などのうさばらし、「へのへのもへじ」「かわいいコックさん」など、ただの落書きも多かった。

　落書きに使うのは、もちろん駄菓子屋で売られていたロウ石。「ボンナイフ」「銀玉鉄砲」同様、ガキのポケットのなかには必ず入っている基本アイテムだった。

もともとは建材として用いられる石材で、国内では岡山、広島などが主な産地。すでに明治時代から筆記具として用いられており、鉛筆普及以前の小学校では、筆記具としてロウ石と石板が用いられていた。駄玩具としての歴史も古く、駄菓子屋が発祥したころにはすでに定番商品として売られていた

●ロウ石

発売年：1950年代　価格：5本入り200円

問合せ：有限会社太郎と花子／0985-23-7706

メンコ

どういうわけか、僕はメンコとはまったく縁がなかった。周囲の子どもたちも誰もメンコでは遊んでいなかったし、学校でブームになったという記憶もない。駄菓子屋で売ってることは知っていたし、買ったこともあるのだが、それはあくまでもカードとしての購入だった。「ウルトラマン怪獣カード」とか「仮面ライダー怪人カード」などが流行《はや》ったとき、同様の絵柄を印刷したメンコも大量に売りだされた。版権無視商品やパチモンがほとんどで、見たこともない怪獣が「ウルトラマン」なのか「ウルトラセブン」なのか判別不能なヒーローと戦っていたりする。僕らはそういうものをおもしろがって、一種の「レアカード」として買っていたのである。なので、パチン！と地面に叩きつけて遊んだ経験はないし、いまだにルールもよくわからない。

メンコ全盛期はやはり昭和三〇年代なので、世代的な差異もあると思うが、それ以上にエリアによってメンコの普及率は違っていたらしい。下町育ちの人などは、僕よりずっと若くても「メンコはめちゃめちゃアツかった！」と目を輝かせたりする。

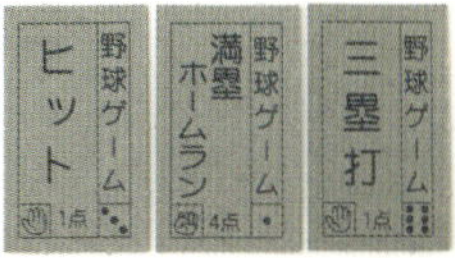

古色蒼然とした「相撲メンコ」。力士や野球選手のメンコは、我々の子ども時代にも駄菓子屋に常備されていた。当時からよくわからなかったのが、裏面の図柄。たいてい「ヒット」「ホームラン」などの野球用語や、「グーチョキパー」のじゃんけんの手が描かれていた

●メンコ

発売年：1950年代　価格：販売店によって異なる
問合せ：株式会社市村商店／電話番号非掲載

ハスキータンク（戦車花火）

家族で「花火大会」を行う場合、今ではまずコンビニに、ということになると思うが、その昔はおもちゃ屋さんに花火を仕入れに行ったものだ。夏休みに入るあたりから、おもちゃ屋さんの店内の一角に「花火コーナー」が特設される。我が家では「花火大会開催日」の夕方などに、母親が買い物のついでにみつくろってくるという習慣になっていた。が、親と子どもとでは花火の好みにかなりの違いがある。母親にまかせきりにした場合、「よいこの花火セット」みたいな大袋がひとつ、別項の「ドラゴン」ひとつ、ねずみ花火数個、線香花火数本、という凡庸なラインナップになってしまう。「こういうのがいいな」と思っていたモノは絶対に買ってこないのである。

どういうのがよかったのかというと、手榴弾型煙幕花火「コンバットスモーク」、各種拳銃型花火、ここに紹介する戦車花火などの「軍事関係モノ」。家族で和やかに花火でも、と思っている親が顔をしかめる気持ちもわかるが、やはり男の子としては夏の宵《よい》の情緒を堪能するより、こういう野蛮な花火で存分に遊びたいのだ。

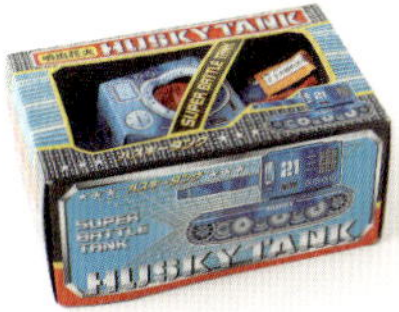

通常の戦車花火は砲塔から火花を噴出するだけだが、この「ハスキータンク」はひと味違う。ラストに上部から垂直に火柱があがり、自爆するのである。つまり、「被弾」を演出するのだ

●ハスキータンク(戦車花火)

発売年：不明(1950年代?)　価格：400円

問合せ：合資会社立岩商店／095-822-1305

よいこのスポンジ人形

残念ながらメーカー不明の商品。タグもなく、数少ない取り扱い店舗でも製造元については知らないという。この種の抱き人形は、七〇年代なかばあたりまで、商店街のおもちゃ屋さんの軒先には「一応」という感じで吊るされていた。当時からすでに「古いおもちゃ」という印象で、これで遊ぶ子どもを実際に見たことはないと思う。

現実世界では見かけなかったが、当時のマンガには、この人形を「おぶヒモ」でおんぶして遊ぶ少女がよく登場した。『ドラえもん』などの中産階級的「山の手マンガ」ではなく、下町を舞台にした作品に登場頻度が高く、確か『あしたのジョー』の「サチ」や、『てんとう虫の歌』の「日曜子」などもやっていたような気がする。

「成長によくない」という説が出てきたり、そもそも「カッコ悪い」ということもあるらしく、昨今はお母さんが赤ちゃんを「おんぶ」するという光景も懐かしいものになった。代わりに出てきたのが「スリング」という坊さんの袈裟《けさ》みたいなヤツ。あれ、スルッとほどけてドシン！　なんてことになんないのかなと、見ててヒヤヒヤする。

不明（1950年代？）

大・中・小の3サイズが存在するらしい。服の柄や色も各種あるようだが、詳細は不明。かなりキュートなデザインなので、売り方によってはむしろ今こそブレイク可能なんじゃないか……と思う。販売店は多くないが、なぜか浅草近辺の個人経営の玩具店などではほぼ全店舗が常備している

●よいこのスポンジ人形(小)

発売年：不明(1950年代？)　価格：1000円前後
問合せ：メーカー不明

セキデンオートマチック（銀玉鉄砲）

昭和っ子にとっての「名銃のなかの名銃」、銀玉鉄砲の代名詞ともいえる「セキデンオートマチック」の復刻版である。メーカーのセキデンは、一九五九年に「マジックコルト」を発売し、鉄砲駄玩具の歴史を開いたパイオニア。六〇年には珪藻土《けいそうど》でつくった安価な「土玉」、つまりは「銀玉」を開発し、それを発射する「オートマチックマジックコルト」（連発式銀玉鉄砲）を発売。以降、七〇年代にかけて男児必携の駄玩具となる「銀玉鉄砲」を世に送りだした。そして六二年、「銀玉鉄砲全盛時代」を築くことになるエポックメイキングな商品が登場する。それが、この「セキデンオートマチック」だ。大量生産されたこともあり、子どもたちの間で爆発的にヒットし、「手にしたことのない男の子はいない」と言えるほどに普及した。

もちろん僕ら七〇年代っ子にとってもセキデン製「銀玉鉄砲」はマストアイテムで、特に憧れたのはシルバータイプのサイレンサーつき。箱入りの高価な商品だった。また、上部にマシンガンのようなドラム型マガジンを備えたタイプも大流行した。

土を丸めてつくる昔ながらの「銀玉」は絶滅してしまったが、この復刻版では土にかえる生分解性プラスチック樹脂を採用、当時の「銀玉」の質感を再現するため、アルミ粉でコートし、あえて少し凹凸のある球体に加工している。もちろん銃も当時のタッチを完全再現。発射したときのビヨ〜ンという独特のバネの感触が味わえる

●セキデンオートマチック SAP.50

発売年：1962年(2009年)　価格：900円

問合せ：株式会社セキデン／06-6904-6931

ダイヤブロック

その昔、デパートのおもちゃ売り場には必ず「ダイヤブロック」特設コーナーがドカーンと設置されていた。建造物、乗りもの、動物などが展示された「ダイヤブロック」ワールド。それは「デパートのおもちゃ売り場」という特別な空間の象徴だった。

製造元のカワダは、一九五〇年代、連結して遊ぶことができる「ブロックキャップ」という鉛筆キャップの販売を請け負う。連結して遊べる鉛筆キャップだ。これがヒントとなり、国内初ともされるブロックが誕生。発売当初、白ブロック以外はすべて透明で、たとえば建物などをつくって内部に照明を仕込むと、全体がカラフルに輝いてまるで宝石のよう……ということで「ダイヤ」の商品名がつけられた。唯一の純国産ブロック（現在も長野県東御市で生産されている）の特徴は、昔から変わらぬ精度の高さ。また、規格も発売当初からいっさい変わっていないので、お父さんが幼少期に遊んだ「ダイヤブロック」と、その子どもが遊ぶ現行品が半世紀の時を隔て連結！……なんていう感動的な瞬間を味わうこともできる。

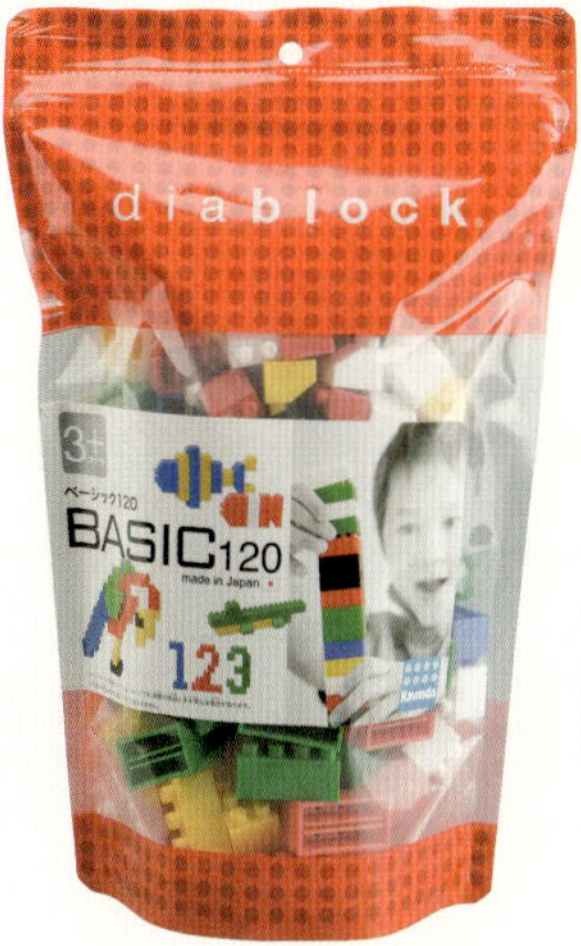

●ダイヤブロック(ベーシック120)

発売年：1962年　価格：1200円

問合せ：株式会社カワダ／03-3209-8770

発売50周年を期に「ダイヤブロック」のロゴやパッケージを一新。なんともスタイリッシュなデザインにリニューアルされた。現在、同社の「ナノブロック」(極小サイズブロック)も「大人の趣味」としてブレイクしている

8つの手品

手品用品やジグソーパズルなどを古くから手がけ、あの「シーモンキー」を日本に紹介したことでも知られるテンヨーの看板商品。子ども&ファミリー向け手品セットの定番で、約半世紀の歴史を持つロングセラーだ。随時、内容や箱のデザインを更新しているが、全体のイメージは変わらない。中央のカップの色合いや、黄色いスポンジの犬などを見て、思わず小学生時代にトリップしてしまう人も多いだろう。

これで思い出すのは、小学校で行われたクラス単位の「お楽しみ会」。どういうタイミングで、なんのために開催されたのかは忘れたが（学期の終わりにやるんだっけ？）、保護者まで呼びつけて生徒に隠し芸を強要するイベントだった。隠し芸のほとんどは楽器演奏、歌、そして手品。僕も「お楽しみ会」用に手品セットを買ったが、テンヨーの商品はちょっと高くて、安価なサンスター文具のセットを購入した。「海賊の宝の箱」をモチーフにした紙製の箱入りで、商品キャラクターは当時大人気だったお笑いマジシャン、故・伊藤一葉氏！　ひっさびさにこの名前を思い出した。

初心者でも楽しめる8種のマジックのセット。「お楽しみ会」では多くの男子がこのセットを教室に持ってきていたので、持っていなかったくせに、ひとつひとつの道具の色や形を不思議なほどハッキリ覚えている。ネタがかぶったりして、慌てて出しものを変更するヤツなどが続出していた

●8つの手品

発売年：1965年　価格：1800円
問合せ：株式会社テンヨー／03-3647-4670

フラワーチェーンオハジキ（花おはじき）

ガラス製の古典的なおはじきも確かに懐かしいが、どちらかといえばもはや民芸品に近い。高度成長期の駄菓子屋で現役だったのは、このプラスチック製の「花おはじき」（「マーブルおはじき」の呼称も一般的）。ガラスおはじきに代わって六〇年代に登場し、当時から「チャームリング」「ラッキーリング」など各種の類似商品があったそうだ。紹介するのは「チエンリング」（別項参照）のホームラントーイの製品。

駄菓子屋の店先で見慣れてはいたものの、完全に「男子禁制」の玩具。高度成長期の女の子たちがこれを使ってどのように遊んでいたのか、まったく見当がつかない。メーカーにたずねてみたところ、指でパチンとはじく通常のおはじき遊びのほか、「数合わせ」「色合わせ」（どちらもおはじき遊びの一種らしい）、糸でつなぐアクセサリーづくりなどが定番。さらに、「おままごと」の「食材」として使うことも流行したのだとか。たとえば、白いおはじきだけを集めて茶碗に入れ、「はい、あなた、ご飯ですよ」なんてやるわけだ。なんとも「昭和の女の子」らしい創意工夫である。

1965年ごろ

「チエンリング」同様、いかにも駄玩具らしい鮮やかな発色が絶品。とにかく「昭和の女の子」は、こういうカラフルでこまごまとしたモノが好き。数人で小さな輪をつくってコソコソと遊び、男子が近づいて「なにやってんの？」とたずねても「関係ないでしょ！」なんて言われてしまう

●フラワーチェーンオハジキ（花おはじき）

発売年：1965年ごろ　価格：100円前後

問合せ：株式会社ホームラントーイ／03-3678-9317

石投げ（パチンコ）

基本的には石を発射する道具なのだが、「パチンコ」の弾丸といえば、残念ながら絶滅してしまった「かんしゃく玉」。必ずセットで購入したものだ。ビーダマを壁にブチ当てると粉々に砕けてしまうほど強力で、使い方しだいでは凶器となるおもちゃだが、これで誰かがケガをしたり、なにかを壊しちゃったり……という記憶はない。不思議といえば不思議だが、これを「悪用」する子は周囲にはいなかったと思う。

ただ唯一、「あれって悪いことだったのかな？」と今も判断を迷ってしまうような思い出がある。小学生時代、学校の近所に広大な敷地を持つ病院があった。その敷地内に、建て替えの途中で半壊状態になった病棟がいくつもほったらかしになっていた。その廃墟の窓ガラスを友人たちと割りまくったのである。「どうせ壊すんだから」「工事を手伝ってあげてるんだ」なんて言いながらパチンコを連射したが、今思い返すと、やはり「悪いこと」だったような気もする。しかし、「割っても割っても割りきれない！」という「ガラス割り放題」は、夢のなかのできごとのように楽しかった。

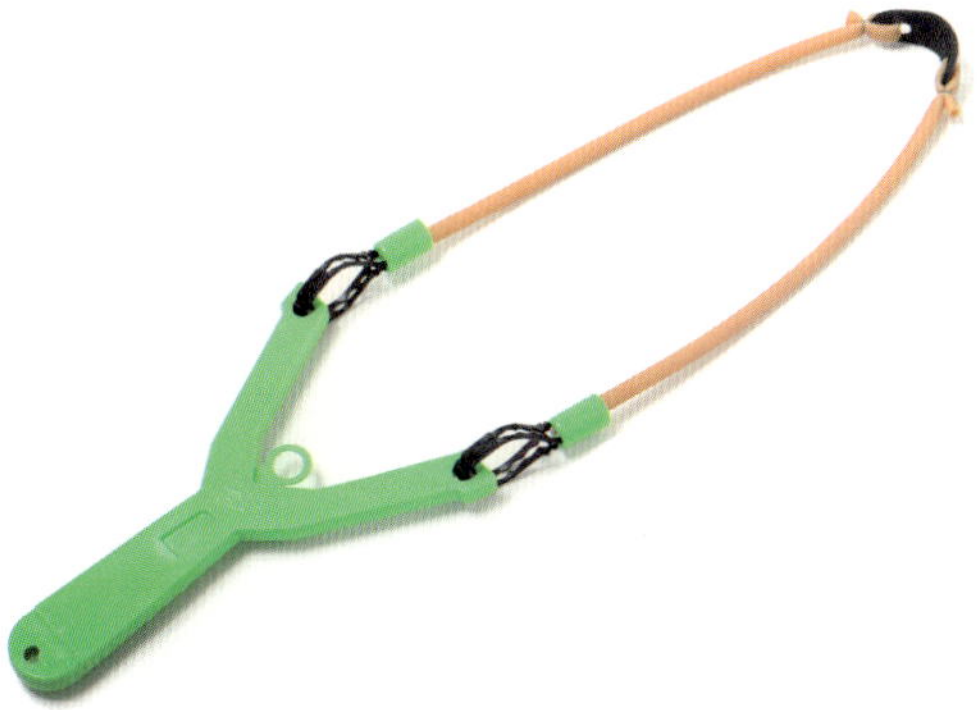

本体とゴムの結合部分、グリップの形状が少々改良されたが、60年代当時からデザインの変更はほとんどなし。カラーもなぜかこのグリーンが昔からの定番だ。弾丸を包む合皮を針金でしばってとめてある、というハンドメイドなつくりも、あのまったく役に立たない照準器(?)も昔のまま

●石投げ(パチンコ)

発売年：1960年代なかば　価格：オープン価格

問合せ：株式会社小森屋商店／03-3866-7143

平和鳥（水飲み鳥）

六〇年代から七〇年代にかけて、昭和を代表するインテリア雑貨として君臨した商品。「喫茶店に必ずあった」という記憶を持っている人が多いと思うが、タバコ屋さん、洋品店、床屋さんなど、商店街の各店のウインドーに飾られていることも多かった。

一般的には「水飲み鳥」と呼ばれていたが、「ハッピーバード」「平和鳥」「ドリンキングバード」などの名称でも販売されていた。個人的には、残念ながら二〇〇七年に営業を終了した「王様のアイディア」の定番商品だった、という印象が強い。

現在、市場に出まわっているのは中国製、台湾製が中心だが、もともとは日本で「発明」された科学玩具。その画期的な構造に、かのアインシュタインも「こ、これは永久機関なのではないか?」と驚愕《きょうがく》したという。現行品は内部の液体が赤と青のみだが、その昔はほかに黄色、緑のタイプもよく見かけた。かつては四つのカラーバリエーションで展開されていたそうだ。紹介するのは台湾製だが、シルクハットや目玉シール、お尻についた鳥の羽根など、細部のデザインはあのころのままだ。

●平和鳥（水飲み鳥）

発売年：1960年代なかば　価格：1600円
問合せ：有限会社太郎と花子／0985-23-7706

元祖の商品の発売は1950年代初頭。東京オリンピックの年にブームになった。商標登録は1970年で、「平和鳥」が正式商品名だった。動きの秘密は、少しの温度上昇で気化する性質を持つ内部の液体。この液体が気化・液化を繰り返し、頭と胴体の間を移動することで不思議な動きが生まれる

プラパズル

地味な商品だが、根強い人気を持つテンヨーのパズルシリーズ。小学生時代、少数派ではあるが必ずクラスに数名ずついる「パズル好き」の子たちが、休み時間に黙々とカチャカチャやっていたのを覚えている。こういう子は、たいてい算数が得意。

手のひらサイズのケースに収められたプラスチック製のピースをすべて取り出し、再びそれをケースに収める、ルールはたったこれだけ。いたってシンプルなパズルなのだが、実は「底なし沼」のように奥深い。解答パターンは、一番少ない「テトロミノ」でも七八三通り。これにとりつかれた「プラパズル」中毒者たちは、この解答パターンをひとつ発見するたびにノートに記録し、すべてのパターンを終えた段階で初めて「完全クリア」とみなす。かつては、そのための記録用「プラパズルノート」も発売されていた。現在はネットから記録紙をプリントアウトできるようになっている。

それにしても、最多の解答パターンを持つ「ヘプタモンド」になると一〇万通り以上……。生きているうちに「完クリ」できるのか？　と不安になってしまう。

写真上の黄色のパズルが一番シンプルな「テトロミノ」(350円)。その下のブルー、ピンクは「ペントミノ」(各500円)。一番右が「ヘプタモンド」(500円)。現行品のデザインはオシャレでアートっぽいが、昔はピースが不透明だった。これら過去のパズルを収集するコレクターも多い

●プラパズル

発売年：1966年　価格：350円～500円
問合せ：株式会社テンヨー／03-3647-4649

リカちゃん

こちらも日本人なら知らない人はいない傑作玩具。最初の発売は一九六七年だ。それ以前、日本で普及していたファッションドールといえば、ご存じ米国マテル社の「バービー」、そしてやはり米国のアイデアルというメーカーが製造していた「タミーちゃん」だった。当時としてはかなり高価な商品で、多くの女の子たちにはちょっとっつきにくかったようだが、さらにとっつきにくくしていたのが、そのルックスだ。特に「バービー」は完璧な外人モデル体型で、設定される年齢も一七歳。日本の小学生女児が遊ぶには、大人っぽすぎるしセレブっぽすぎたのだろう。バービーに比べれば幼い「タミーちゃん」も、やはり顔つきがモロに外人。ちょっとツンとすました感じがあまりにクールで、当時の日本の女児文化にはそぐわなかった。そこに登場した純日本産の「リカちゃん」。一気に女の子たちの心をつかみ、着せ替え人形の代名詞的存在となる。当時の女の子たちにとって、「リカちゃん」は憧れであり、同時に「自分の分身」として感情移入できる初めてのファッションドールだったのだろう。

© TOMY

●リカちゃん

発売年：1967年　価格：1500円〜（ドール）
問合せ：株式会社タカラトミー／0570-04-1031

72年、82年、87年とリニューアルされ、現行「リカちゃん」は4代目にあたる。初期のころに比べると小顔になって瞳は大きくなり、手足も長くなって、身長も21cmから22cmへと高くなった。右の写真は「リカちゃんハウス おしゃべり♪キッチンゆったりさん」（5800円）

ショック当て

その昔、男子には一番人気の「駄菓子屋のクジ」だった「ゴムの爬虫類」シリーズ。上位の商品はリアルに彩色された巨大なタランチュラやコブラ。ビリのほうはちっぽけな単色のムカデやトカゲ……という賞品の構成は昔から少しも変わっていない。

思い出に残っているのは、映画『ジョーズ』人気に乗じて発売された「海洋生物バージョン」だ。一等はもちろんリアルで大きなサメなのだが、僕は二等だか三等だかの巨大エイが欲しくて、毎日のように駄菓子屋に通っては「ハズレ」を引きつづけた。そんなある日、とうとう店のおばあさんが見かねたらしく、台紙からエイをベリッとはがし、「あげるよ」と僕の胸に押しつけたのである。「うれしいっ!」と同時に、なんかこう、「しょうがないわねぇ」とあしらわれた感じがして、どうにも複雑な気分になった。エイをもらいたかったわけではなく、当てたかったのである。あのときは「いりませんっ!」と断るべきだったなぁ、と後々ちょっと後悔したのだが、結局、ちゃっかりもらってしまい、その晩はお風呂でバシャバシャと泳がせて遊んだ。

●ショック当て

発売年：1967年　価格：1回30円前後
問合せ：株式会社ヨコタ／06-6757-6368

ここで紹介する「ヘビ」中心のクジのほか、「クモ」「カメ」などのシリーズがある。「南洋系のマダラやシマ模様の生物は売れなくなった」とのことで、全体的に昔より色づかいは地味め

KO（ノックアウト）ハンマー

その昔、多くのおもちゃ屋さんの軒先には、「ピコピコハンマー」が逆さまの状態で大量に吊るされていた。その光景は「いかにもおもちゃ屋さん」という風情。よく見かけたのは柄が赤、ヘッド部分が黄色のタイプだったが、これは後発のコピー商品。元祖は増田屋の「KO（ノックアウト）ハンマー」で、発売当初は柄もヘッドも黄色だったのだそうだ。後にさまざまなバリエーションが登場し、『ウルトラセブン』や各種怪獣の顔などがハンマーの片側についたモノもつくられた。紹介する商品は一九七五年ごろに登場したタイプ。ピンクと白のツートンカラーの柄が特徴だ。

六〇年代後半、「ブロー成形技術」（プラスチック樹脂をプーッとふくらませる技術）が普及し、中が空洞になっているプラスチック玩具が続々と発売される。代表的なのはペコペコしたプラ製の野球バットだが、軽いボールとピンがセットになった子ども用ボウリングセット、ゴルフセットなども懐かしい。「KOハンマー」も、この技術を活用したもの。漫才で使われる「ハリセン」がヒントになったのだとか。

風圧でピコッ！と鳴る笛の開発はなかなかむずかしく、形状、取りつけ位置、角度などについて数々の試行錯誤が行われた。ラインナップは写真の基本タイプのほか、ミニ(400円)、ミニミニ(300円)の3種。ブロー成形といえば、巨大な「マジンガーZ」の人形、「ジャンボマシンダー」ってのもあったよね

●KO(ノックアウト)ハンマー

発売年：1968年　価格：700円

問合せ：株式会社増田屋コーポレーション／03-3861-0152

ミックス投げテープ

「『まだある』わけがない」とハナから決めつけていた商品である。玩具問屋でふいに再会したときにはかなり狼狽《ろうばい》してしまい、気づいたら台紙ごと大量購入していた。

通称、「クモの巣」。上手に投げるとブワッとクモの巣状に広がる紙テープだ。『赤影』や『サスケ』の影響で「忍者ごっこ」がポピュラーな遊びだった当時、プラ製手裏剣や煙玉と並ぶ必須の「忍者ツール」だった……のだが、そういえば、どうしてこれが「忍者ツール」とされていたんだろう？　クモの巣を武器にする忍者のヒーローなんていたっけ？　投げ方にはコツが必要で、幼児にはちょっとむずかしい。失敗すると「ただの紙クズ」と化すので、投げる前はかなり緊張したものだ。

製造元は玩具ピストルの定番火薬「カネキャップ」のカネコ。火薬玩具の老舗メーカーがなぜ？と思ったが、同社の主力商品はパーティークラッカー。クリスマス会やお誕生日会などでパン！と鳴らす円錐形のアレだ。実はこの「クモの巣」、パーティークラッカーの中に入っているカラフルな紙テープを流用したものなのだそうだ。

●ミックス投げテープ

発売年：1968年ごろ　価格：9個入り100円
問合せ：株式会社カネコ／0895-25-1112

1回投げたら再使用不可のおもちゃなので、「忍者ごっこ」の最中にも「ここぞ」という場面にしか使わなかった。投げる際、誤って足元に落としたりすると悲惨。テープはクルクルと転がりながら伸びきってしまい、修復は不可能。せっかく買った武器もあっという間にゴミになってしまう

カネキャップ

ピストルの火薬といえばすぐに巻玉火薬（別項で紹介）を思い出すが、この「カネキャップ」はそれよりも少しグレードの高い火薬として記憶に残っている。プラスチックの小さなキャップに火薬を詰めたモノで、巻玉の「パン！」という乾いた音に比べ、もっとリアルで重たい爆発音が特徴だった。ホビーショップではバラの「カネキャップ」が売られていて、これは金属製の高級モデルガンに使用する。駄菓子屋での定番は八連発のリング状タイプ。専用のリボルバー拳銃に装填《そうてん》するのだが、この組み合わせは駄玩具としては少々高くついた。それでも「憧れの金属製モデルガンと音は同じ！」ということで、男の子たちはなけなしのおこづかいをはたいたのである。

昨今、こうした拳銃玩具で遊ぶ子どもたちを見かけない。マンガの世界からも拳銃をぶっ放しまくる主人公の姿は消えたし、昨今の刑事ドラマの主人公などはほとんど銃を撃たない。こうした環境にすっかり慣れたせいか、『ワイルド7』や『ドーベルマン刑事』などを読み返すと、「射殺しまくり」のヒーローの姿に唖然《あぜん》としてしまう。

8連発の「カネキャップ」と専用の銃(別売り)。「カネキャップ」用の銃は金属部品を使用しているため、巻紙火薬鉄砲などより重く、ちょっと高級感があった。発売年の1969年はカネコ創立の年。創業年はさらに古く、この商品は創立以前から製造されていたかもしれないとのことだ

●カネキャップ

発売年：1969年　価格：100円(8連発12個入り)
問合せ：株式会社カネコ／0895-25-1112

ライトプレーン

この種の飛行機やブーメランなど、いわゆる「投げもの」系の駄玩具は、購入した五分後には紛失してしまう……ということが多かった。広い空き地でもあればいいのだが、近所にそんなものはなく、結局、公園や路地で遊ぶことになる。ブーメランを買ってきて「わーい！」などとはしゃぎながら路地で投げたとたん、通りに面した家の屋根の上に乗ってしまって、「♪ハイ、それまでよ」。公園で飛行機を飛ばすと、風に流されて裏手のドブ川に突入してしまい、「♪ハイ、それまでよ」。おこづかいをはたいて買ってきたモノが、たったの一投で「それまでよ」になるのである。

「ライトプレーン」のようなゴム動力飛行機は「昭和駄玩具」の代表的存在だが、僕らが住んでいる街では、「飛びすぎる」ために遊びようのない玩具だった。一度飛ばせばほぼ確実に回収不能になってしまう。しかも、駄玩具としては結構高価。「それまでよ」になったときの絶望感はデカかった。そのため、同じツバメ玩具の商品でも、僕らは動力を持たない「ソフトグライダー」のほうをもっぱら愛用した。

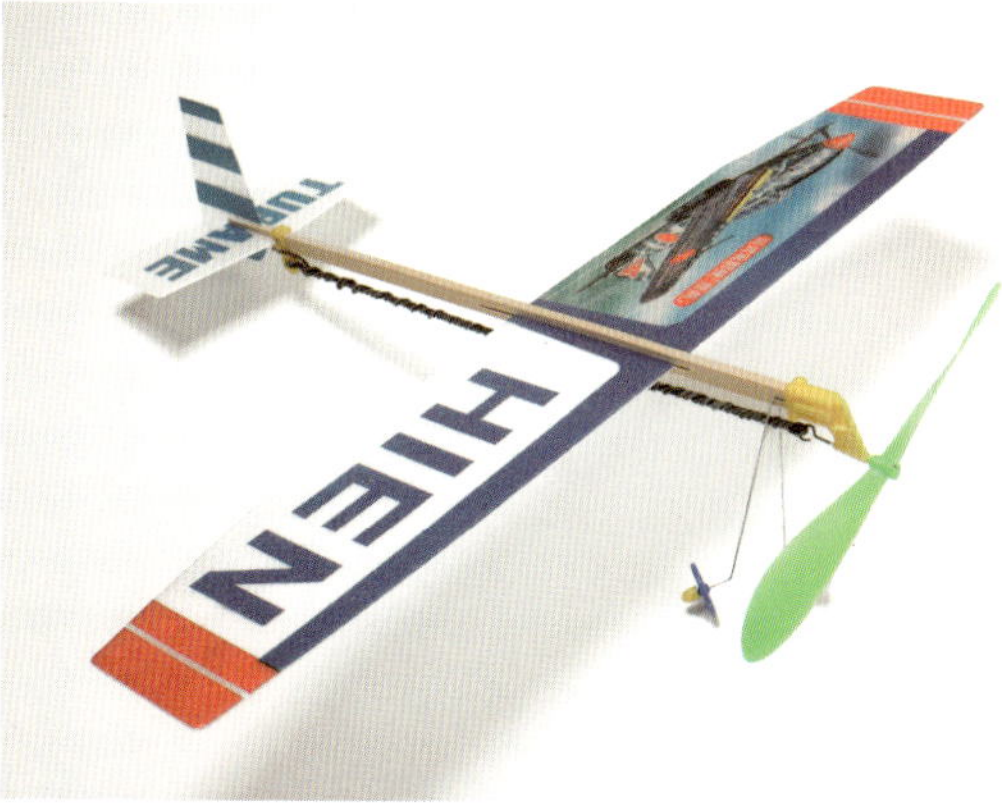

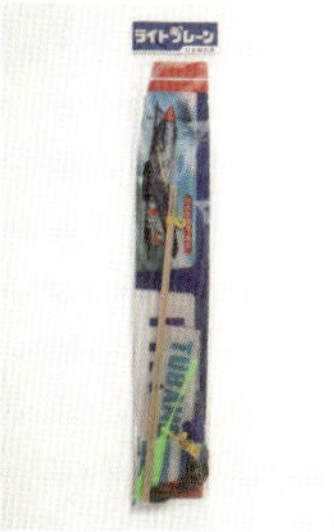

飛行機玩具の王者「ソフトグライダー」のツバメ玩具製作所の最古参商品。独特の「脚（車輪）」の形状が懐かしい。「ソフトグライダー」同様、純国産の各パーツは、社長さんの長年の経験によって完璧に調整されている。ラインナップは6種類あり、それぞれ主翼のパターンのデザインが違う

●ライトプレーン

発売年：1960年代後半

価格：200円〜300円前後（販売店により異なる）

問合せ：ツバメ玩具製作所／電話番号非掲載

カチカチ

構造もシンプルだが、名称も驚くほどシンプルな「カチカチ」。ブリキ製のボディーの裏に小さくて薄い鉄片が取りつけられていて、この部分を指で押すとカチッ！と音がする。ただそれだけ。これほど機能がハッキリしている玩具も珍しいだろう。「セミカチ」とも呼ばれるのは、かつてはセミを模したデザインのものが一般的だったから。僕が子どものころに持っていたのもセミ型で、やたらとリアルなセミの細密画が描き込まれていた。写真の商品も従来のセミ型をそのまま流用し、今っぽい（とメーカー側が考えている）キュートな動物イラストを新たに描いたものらしい。

カチッという金属音を鳴らすだけなら、そのへんの空き缶かなんかでも代用できるんじゃないか、という気もするが、「カチカチ」のカチッ！は不思議と小気味よく、手にするとついつい鳴らしつづけてしまう。鉄片の根元に軽く触れた状態でカチッとやると、振動によって指に感電したような軽い痛みが走る。子どものころはこれがおもしろくて、「イテッ！　イテッ！」なんて言いながら何度もカチカチやりつづけた。

これが裏側。黒い鉄板部分を指で折り曲げて音を出す。セミは「ミ〜ン」だけではなく「チキチキッ」と鳴くこともあるが、その声に似ているということでセミ型が普及したのだろう

●カチカチ

発売年：1960年代　価格：100円
問合せ：岩崎文具株式会社（昭和レトロ倶楽部）／
http://retro-club.com

スーパーボール当て

「スーパーボール」の誕生は、なんと一九四〇年代後半。米国で開発され、日本上陸は六六年。「アメリカで大流行！」という、ありがちなキャッチコピーとともに発売された。大きな紺色のボールの一個売り。資料を見ると、パッケージもいかにも「画期的玩具！」という感じで、その「スゴさ」がクドクドと解説されている。僕が生まれる前年の発売だが、遊び方の図解や、ボールがピョンピョン跳ねるイラスト、「重力を無視した動き！」というコピーにはなぜか見覚えがある。後の「駄菓子屋版スーパーボール」も同じ意匠を採用して（もしくはパクって）いたのかもしれない。

かつての「画期的玩具」も、数年後にはすっかり駄玩具に。我々が親しんだのも、もっぱら駄菓子屋のクジだ。小学校低学年くらいまで、これにかなり熱をあげた。定期的に新デザインが追加され、挑戦せずにはいられなくなる。好きだったのは、NFLブーム期に発売されたフットボール型。ただでさえ紛失しやすい「スーパーボール」だが、あの楕円型は一回はずませただけでどこかに消えてしまうことが多かった。

ボールや台紙のデザインは定期的に変更されるが、まぁ、だいたい僕ら世代も見慣れている相変わらずの感じだ(笑)。「目玉つき」も70年代後半にはあったし、サッカーボール仕様、ラメ入り透明ボールもおなじみ。なぜかフットボール型などの変形タイプはつくられなくなってしまったようだ

●スーパーボール当て

発売年：1960年代　価格：1回30円前後(販売店によって異なる)
問合せ：大屋商店／03-3801-2530

ようかいけむり

駄菓子屋の「ホラー系」駄玩具の代表的存在。ブロマイドのような形で売られていて、カードホルダーからピッと一枚だけ抜き取って購入する。カード裏の薬品塗布部分を人差し指でこすり、そのベタベタの人差し指と親指をくっつけたり離したりしていると、二本の指の間から「不思議な煙」（というかホコリ、もしくはカス）がモワモワ〜ッとたちのぼる、というモノ。舞いあがるクモの糸のような「煙」を、ただボーッと眺めるためだけの駄玩具なのだが、カードに描かれたおどろおどろしい、というより、投げやりなお化けイラストに魅せられるせいか、ついつい買ってしまう。

当時は「ホラー系」駄玩具が充実していて、「夜光塗料」でお化けが描かれたカードや、同じく暗闇で光るガイコツのキーホルダー（なぜか目玉が模造ダイヤ。般若のキーホルダーも定番）など、「夜光塗料モノ」が多かった。小さな試験管入り（極小の筆つき）の塗料自体も人気の駄玩具だったが、今は見かけない。あれって「放射性物質」だったらしいのだ。我々世代は、放射能までおもちゃにしていたのである！

これが「不思議な煙」。写真ではほとんどわからないが、細かいワタボコリのようなものがフワフワと宙に舞っている。すでにやり飽きているのに、やるたびにとりあえず「おぉ！」なんて言いながら楽しんだ。まったくの類似品として「おばけカードけむり」もある

●ようかいけむり

発売年：1960年代　価格：20円前後（販売店によって異なる）
問合せ：株式会社マルホ／052-523-1161

BooBoo クッション

超古典的なジョーク玩具の定番商品。現在ではいろいろなメーカーがさまざまなデザインの類似商品を販売しているが、我々世代にとっての「ブーブークッション」といえば、もの心ついたころからコレ。外国人らしき女性がソファに座ろうとして「Poo」とやらかしている……という場面を、なんともいえないヘタウマなタッチで描いたイラストがプリントされた商品だ。味わいのある絵柄は子ども心にシッカリ刻まれている。七〇年代当時の「ブーブークッション」は、このタイプか、チェック模様に「WHOOPEE CUSHON」というロゴが入ったもの（こちらもまだある）の二種しかなかったと思う。販売を手がける丸惣によれば、昭和三〇年代からまったく変わらないデザインで売られているそうだ。当初は手品用品のテンヨーが国内の問屋として販売していたが、同社が取り扱いを中止し、現在は丸惣が台湾商社から輸入して販売を行っている。「ブーブークッション」の起源は古く、一九三〇年にカナダのゴム会社によって開発された。一九四九年のボブ・ホープの映画『モロッコの道』にも登場している。

いかにも外国製という感じのデザインは、もともと米国を中心とした海外への輸出品として製造されたから。ミニサイズ、あるいはビッグサイズ、さらには空気を吹き込まなくても音が鳴る新型など、さまざまなタイプも発売されたが、新商品の多くはなぜか短命だった。やはり安定して売れつづけるのはこの基本形なのだそうだ

●BooBooクッション

発売年：1960年代　価格：240円

問合せ：株式会社丸惣／03-3622-7284

ビックリ分解自動車

これ、覚えている人がどのくらいいるだろうか？　少なくとも僕と同世代で、七〇年代後半から八〇年代初頭にかけてプラモ屋に出入りしていた男子であれば、必ず目にしている商品だと思うのだが……。この「ビックリ分解自動車」というシリーズ、最初に発売されたのは一九六〇年代。メーカーは今はなき山田模型だ。かなりヒットした商品でブームにもなったそうだが、そのせいか、おそらく発売から一〇年近くたった七〇年代後半もシリーズは現役だったし、八〇年代初頭まで売られていたと思う。

売り場で異彩を放って目立っていたので、僕も小学生時代に購入した。この商品、名前のとおり本当に「ビックリ」なのだ。モーター駆動の一見優美なクラシックカーなのだが、壁に激突するとガシャッ！と車体がバラバラに弾け飛ぶギミックが仕込んである。乗車している紳士、貴婦人もろともバラバラにブッ飛ぶアクションは本当にド派手で、わかっていても「うわっ！」と声が出てしまう。今回、この往年の名作を復刻してくれたのは童友社。「国産プラモ五〇周年」を記念して発売された商品だ。

金型も当時のものを使用し、パッケージも「YAMADA／ヤマダ」ロゴ入りのデザインを採用している。キットをつくったことがなくても、このユニークなイラストを覚えている人は多いのではないかと思う。当時の価格は確か500円くらいだった。それに比べれば復刻版は確かに少々お高いが、半世紀前の商品を忠実に再現してくれているのは本当にウレシイ

●ビックリ分解自動車（右：フォード、左：オペル）

発売年：1960年代（2008年）　価格：各2500円

問合せ：株式会社童友社／03-3803-4747

パラシュート

戦争直前から戦中にかけて、児童雑誌の男の子向けコンテンツの一番人気は軍記物語や兵器情報など、ミリタリー関連の記事だった。もちろん「お上」からの戦意高揚の押しつけという側面もあったのだろうが、小松崎茂などをはじめとする錚々《そうそう》たるイラストレーターたちによるメカニックな兵器図解、リアルな戦争画などは男の子心を夢中にさせたのだろう。が、敗戦後、GHQの文化政策によって軍事ネタは禁じられ、代替コンテンツとして提供された怪獣や未来兵器などのSFモノが男の子文化の主流になっていく。で、敗戦から二〇年経過した六〇年代なかばあたりになると、タブーとされていた軍事モノが徐々に解禁されて、少年週刊マンガ誌を中心に「戦後ミリタリーブーム」が巻き起こる。この時代に玩具の世界でも「戦争関連商品」がドカドカと出はじめるのだが、この「パラシュート」もそれを代表する駄玩具のひとつだった。

思いっきり空に向かって投げ、あとはただ落ちてくるのを眺める。たったそれだけの玩具なのだが、買っては紛失し、また買う……を何度も繰り返していた記憶がある。

当時、こういう兵隊人形単体でもさまざまな種類のものが売られていた。そういえば、この兵隊さんも顔つきからして外人だが、当時の兵隊モチーフの玩具はほとんどが米兵で、日本兵のおもちゃは見たことがないような気がする

●パラシュート

発売年：1960年代　価格：4個入り500円
問合せ：岩崎文具株式会社(昭和レトロ倶楽部)／
http://retro-club.com

コンバット（手榴弾花火）

こちらも六〇年代に発売された「軍事関連」商品のひとつ。別項で紹介している煙幕玉と同じで、ただ煙をふき出すだけの花火なのだが、やはり実物大の手榴弾型デザインは大きな魅力。戦争ごっこの小道具にはもってこいだ。また、マッチで火をつけるのではなく、マッチ箱のヤスリ部分に先端をズリッとこすりつけるだけで発火するのも特徴。このズリッとこすって投げる、というアクションがかっこいいのである。

商品名はいうまでもなく、日本では一九六二年から放映された米国製の大人気戦争ドラマ『コンバット』にインスパイアされたものだろう。子どもにも大人にも大人気だった『コンバット』はその後も繰り返し再放送され、僕ら世代も小学生時代に見ている。楽天的で勇ましいテーマ音楽に、「スターリング、ビック・モロー！」という英語のナレーションが印象的だった。また、兵士たちが無線で通信するときの「チェックメイトキングツー、こちらホワイトロック。どうぞ！」という決まり文句は大流行して、玩具のトランシーバーなどを手にすると誰もがこれをやりたがった。

「変色スモーク」とパッケージに記されているのは、ふき出す黄色の煙が途中で白煙に変化するギミックがあるから。このタイプの手榴弾花火は噴射時間がけっこう長く、投げては拾って、また投げて……とかなりの時間楽しめた。また、煙幕玉と違って発火後に手で持っても熱くないので、持ったまま走って煙の軌跡を楽しむ、なんてこともよくやった

●コンバット（手榴弾花火）

発売年：1960年代　価格：2個入り100円

問合せ：合資会社立岩商店／095-822-1305

トミカ

おもちゃ屋さんの「トミカ売り場」(?)が好きだった。昨今は箱ごと陳列されている「トミカ」を自分で選び、そのままレジに持っていくのが主流のようだが、当時はどこのおもちゃ屋さんにも専用の「トミカ」陳列ケースがあった（現在もこのケースで販売する店もある）。そこにズラリと「トミカ」が展示されていて、表示された番号を見ながら「〇番の『トミカ』ください！」と言うと、それを店のおじちゃんが裏の棚などから持ってきてくれる、というシステムだった。あの専用の陳列ケースがカッコよくて、男の子なら誰もが「ケースごとほしいっ！」と思っていたはずだ。

「トミカ」の発売は一九七〇年。当時、ミニカーといえば主流は海外製。モデルとなる車種も外車ばかりという時代、もっと親しみやすい国産車のミニカーを、と企画された商品だ。四三分の一がミニカーの国際標準サイズとされていたが、あえて子どもの手になじみやすいサイズで展開。走行性の高さや、サスペンション、ドアの開閉などのギミックも子どもたちに支持され、たちまちミニカーの代名詞となった。

**●トミカ（上：ヤマザキ・パントラック、
中央：トヨタダイナ清掃車、下：日産フェアレディZ）**

発売年：1970年　価格：各450円
問合せ：株式会社タカラトミー／0570-04-1031

最初に発売されたのは「日産ブルーバード」「トヨタ 2000GT」などの6台だった。右の写真は「トミカ　DXサウンドポリスステーション」（6800円／「トミカ」は別売り）。「トミカ警察カード」を使用した100種以上の音声・効果音などのギミックが楽しめる警察署セット

ユーホーコルト（円盤鉄砲）

中学生になって、「SS9000」（てるてる坊主みたいな弾丸を発射するタカトク製のライフル）などのエアガン（当時は「空気銃」）がブームになるまでは、「銀玉鉄砲」の銃撃戦は男の子たちの定番の遊びだった。その「銀玉」も、現行品はプラスチックで再現したもののみとなり、実質的には「絶滅」してしまった。が、基本アイテムの「銀玉」に対してサイドアーム（副装備）という感じだった「円盤ピストル」は、今もしっかりと昔の姿のままで現役だ。小さな円盤がフワリと飛ぶ様子は眺めているだけでも楽しかったし、軌跡がよく見えるので射的ごっこも盛り上がる。また、ちょっと離れて撃ち合えば、お互いの弾丸をパッと素手でキャッチすることもできた。

開発はムライ製作所の先代社長。「一円玉を発射する銃ができないか?」という発想で企画された。なので、弾丸の形状は一円玉を参考に設計されている。銃のデザインは時代に応じて変更され、現在で三代目。現行品の商品名は「コルト」だが、どう見てもワルサーP38。『ルパン三世』の愛銃が「ずんぐり」しちゃった感じ。

こんな感じで円盤を装填。その昔、同じ構造で「ジューC」みたいなラムネを発射するピストルがあったはず。食べるときには銃身を口に突っ込んで引鉄を引くのだが、「自殺」っぽくてかなり危険だった

●ユーホーコルト(円盤鉄砲)

発売年：1970年ごろ
価格：銃150円前後、エンバンダマ(50発)100円前後
問合せ：ムライ製作所／0729-43-6684

チャーミー（キャンディビーズ ビーズジュエリーセット）

大阪万博以降、外国人タレントが登場するテレビＣＭが飛躍的に増えたという。おもちゃのＣＭも「国際化」され、幼少期、ブロンドの女の子が大人びたしぐさで「しゃなりしゃなり」するＣＭを毎日のように目にした。ソバカス顔、ポニーテール、ジーンズの「おてんばアメリカ娘」もよく登場したが、青ざめた顔、プラチナブロンド、純白ドレスの「北欧少女」の出番も多かった。幻想的なソフトフォーカス撮影が常套手段で、子ども心に「絵本に出てくる妖精みたいだな」などと思ったものだ。

なかでも「妖精度」が高かったのが、この「チャーミー」のＣＭ。「ダイヤブロック」のカワダが、「つくる楽しみ」と「おしゃれ心」をリンクさせて女の子向けに発売したアクセサリーパーツセットである。おぼろげな記憶だが、「チャーミー」でつくった花の冠を頭にのせた日本人の女の子と「北欧少女」が、仲むつまじくじゃれあう、みたいなＣＭだったと思う。エコー効かせまくりの「チャ〜〜ミ〜〜〜」という少女の声が今も耳に残っている。「天国からの声」みたいで、ちょっと怖かった。

もともとは旧西ドイツで生まれた玩具。現在、「チャーミー」の名残は「キャンディービーズ」というシリーズのなかに「わずかにある」といった感じ。かつてのパチパチとパーツをはめるタイプではなくなり、あくまでビーズ。が、このパッケージの雰囲気はやはり「チャ〜〜ミ〜〜〜」

●チャーミー（キャンディビーズ ビーズジュエリーセット）
発売年：1970年ごろ　価格：1500円
問合せ：株式会社カワダ／03-3209-8770

メカモ

本書の各種プラモデルの項を書いていてつくづく自覚したが、自分は「つくる楽しみ」とは無縁の子どもだった。「つくる」=「めんどくさい」なのである。「ロボダッチ」というプラモが大好きだったが、これもしかたなくつくっていただけで、「できれば完成品に色を塗って売ってほしい」とずっと思っていた。思っていたとおりの完成品「ロボダッチ」が後にタカラから発売され、狂喜乱舞したことを覚えている。

この学研の「メカモ」を雑誌の広告で見たとき、即座に「ほしいっ!」と思った。金属の骨組みだけで動きまわる動物型ロボット。なんとも魅力的な商品だ。が、「メカモ」の商品コンセプトは「機械運動の基礎となるリンク機構を縦横無尽に使ったロボットの組み立てを通じ、機械工学の基礎を学ぶ」というもの。理系少年ならここでグッと身を乗り出すところだが、僕の場合、「組み立てるのか。じゃあ無理だ」となってしまう。学研の雑誌『○年の科学』付録の電動カブトムシとか、ダイオードラジオとか、恐竜の骨格模型とか、あのあたりの科学工作が僕の限界なのである。

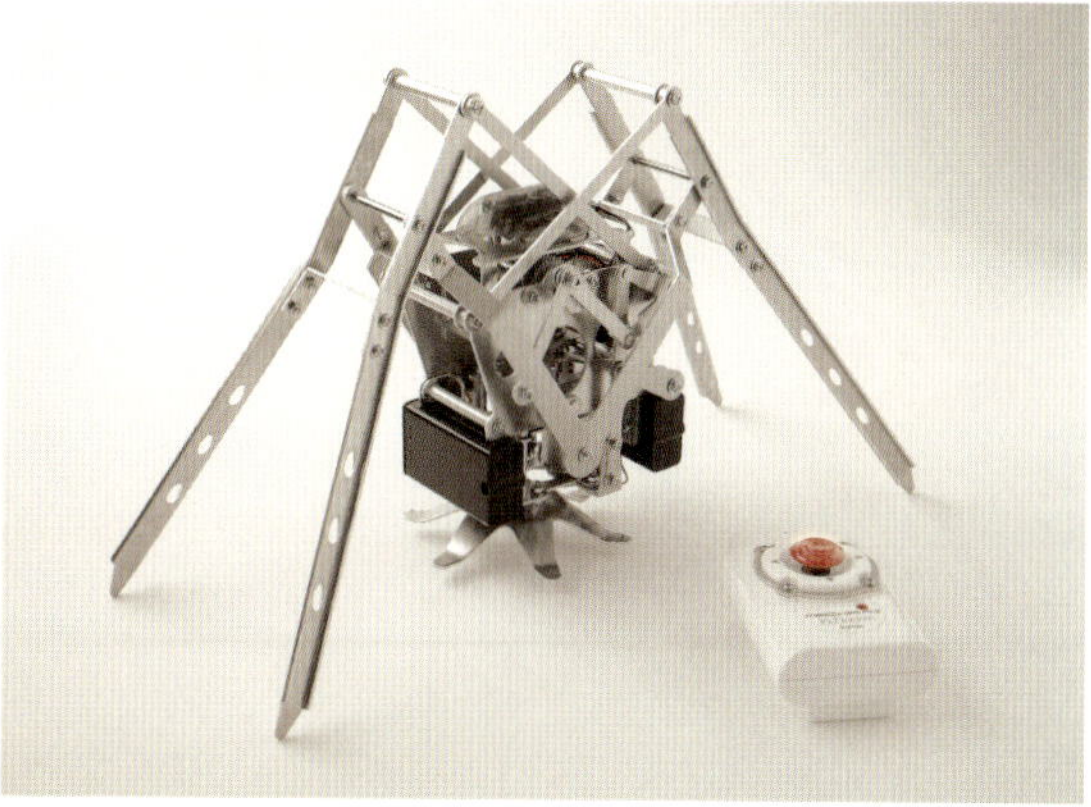

自由自在に動かせるラジコンのシャクトリムシ。複雑な動きは眺めていて飽きない。ほかに「センチピード」(ムカデ)もある。かつては「クラブ」(カニ)もあったのだが、こちらは残念ながら終売

●メカモ(シャクトリムシ)

発売年：1972年　価格：5980円

問合せ：学研マーケティング／03-6431-1205

ゲイラカイト

「♪お正月には凧あげてぇ〜」の歌に素直に従って、我々世代はお正月には凧をあげた（なぜかコマのほうは黙殺した）。地元で「凧あげ」のメッカといえば代々木公園で、正月三が日は原宿の上空にはいくつもの色とりどりの凧があがっていたものだ。しかし、子どもにとって凧あげは決して楽しい遊びではなかった。当時の凧は角凧、六角凧、奴凧などの和凧。こんな紙製の民芸品みたいなモノが空に浮かぶはずはないのである。結局、あげるのは父親、子どもはあがった凧の糸を「持たせてもらう」だけで、「つまんないし、寒いし、もう帰るぅ」ということになりがちだった。

が、「ゲイラカイト」の登場で状況は一変する。悪魔っぽい目玉をギョロつかせたアメリカンなデザインにまずドギモを抜かれたが、とにかく「なんだ、これ？」というくらいによくあがるのだ。「科学の凧」とも呼ばれるその性能があまりに高かったため、ブーム期には電線への引っかかり、鉄道、航空関係のトラブルなどが続出。メーカーはメディアを通じた安全ＰＲに全力を注がなければならないほどだった。

長らくAGが販売していたが、現在はあおぞらが販売を手がけている。当時、子どもたちには「ゲリラカイト」と呼ばれることも多かった。ブーム時は類似品が続出し、明治製菓までが「怪鳥スカイバット」なる懸賞品を配布。羽根を空気でふくらませる「ゲイラ」風の凧だった

●ゲイラカイト(上：スカイスパイ、下：ベビーバット)

発売年：1973年　価格：各780円(糸つきは900円)

問合せ：株式会社あおぞら／03-3639-5700

パタパタバード

愛用していた玩具はもちろんだが、持っていなかった、つまり買ってもらえなかった玩具も記憶に残る。この「パタパタバード」は、口惜しい思い出として記憶に刻まれている。「買ってもらえるはずだったのに、買ってもらえなかった玩具」なのだ。

小学生のころ、母親と上野の博物館に行った。博物館が大好きな少年だったので、本来ならもうそれだけで「満足な日曜日」だったのだが、動物園前の広場を通ったとき、屋台のオジサンが見たこともないおもちゃのデモンストレーションをしていた。空を飛ぶビニール製の鳥。紙飛行機のように滑空するのではなく、ちゃんと自分ではばたいて飛ぶのである。「ねだっても無駄」なのは熟知しているので、ただ釘づけになったように眺めていた。が、どういう風の吹きまわしか、常に「衝動買い禁止」の母親が、その日に限って「おもしろいわね、買う?」などと言うので耳を疑った。

「でも、おもちゃを持って博物館に入るのはみっともないから、帰りに買いましょう」

夕方、博物館を出て広場に急いだが、鳥のオジサンはもうどこにもいなかった。

もともとはフランスで開発された。確かにヨーロッパっぽい優雅な玩具、という気もする。飛ばすと本当に「パタパタ」と羽音をたてて飛び、投げ方によっては旋回してブーメランのように手元に戻ってくる。写真のタイプのほか、900円のミニサイズもあり

●パタパタバード

発売年：1973年ごろ　価格：1800円

問合せ：株式会社ラングスジャパン／03-5430-9181

モンチッチ

園児時代、「くたくたモンキー」という名前のサルのぬいぐるみを持っていた。その名のとおり「くたくた」の「ふにゃふにゃ」。立たせて飾ることはできないが、自由にポーズをとらせて遊ぶことができる。ユーモラスな顔と、やけにリアルな手足はソフビ製。ぬいぐるみとソフビ人形の中間みたいで、女の子よりも男の子にウケそうなデザインだった。母親にサル用の赤いマフラーをつくってもらったりして、飽きっぽい僕にしては珍しく、手足やシッポがボロボロになるまで遊んだ記憶がある。

本書の取材で初めて知ったが、この「くたくたモンキー」は、かのセキグチが一九七二年に発売した商品、であるだけでなく、同社が世界に誇る「モンチッチ」の前身ともいえる重要な商品だったのだそうだ。翌年、同社は「マドモアゼル・ジェジェ」を発売。「指しゃぶり」をする女の子の人形（七〇年代っぽさが今も人気だが、残念ながら製造終了）で、これが「モンチッチ」の「指しゃぶり」ポーズのヒントとなった。つまり、「モンチッチ」＝「くたくたモンキー」＋「ジェジェ」なのである！

1975年から海外輸出を開始し、ヨーロッパでも普及。1980年には米国マテル社と契約、アメリカでもポピュラーになった。同じく80年、国内ではふたごの「モンチッチ」が活躍するテレビアニメも放映されている。写真左は「モンチッチ スタンダード ツインテールの女の子S」(1200円)

●モンチッチ(スタンダードS)

発売年:1974年　価格:各1000円

問合せ:株式会社セキグチ/0120-041-903

ソフトグライダー

上の世代には「竹ヒゴを火であぶって飛行機をつくった」という人も多いが、七〇年代、そうした飛行機は完成品、もしくは半完成品キットとして駄菓子屋で売られた。よく見かけたのは、布製の緑色の翼に日の丸がついたタイプ。「蚊みたい」でいまひとつ魅力を感じなかった。小学校に入学してすぐ、この「ソフトグライダー」が登場。ゴム動力もないのに驚くほどよく飛び、たちまち飛行機玩具の代名詞となった。「なぜあんなによく飛ぶのか？」を製造元の社長さんにたずねてみた。航空力学についての複雑なお話は二割ほどしか理解できなかったが、とにかくこの社長さん、「父親も同じ仕事。生まれたときから『飛行機屋』で育った」の言葉どおり、飛行機一筋。中国産のよく飛ばない飛行機が氾濫するなか、「安くてよく飛ぶ」を基本理念に、ほぼひとりで研究と開発を続けてきた。「唯一の純国産飛行機」を世に送り出す一方、飛行機を飛ばす楽しさを現代っ子たちにも伝える「飛行機教室」の講師も務めているそうだ。『華麗なるヒコーキ野郎』という映画のタイトルを思い出してしまう。

実機をモデルにフルカラーで彩色、というデザインも画期的だった。飛行機の機種については昔も今もさっぱりわからないが、当時は「顔の描いてあるヤツ」ばかり選んで買っていた覚えがある。機種は変更されているが、基本の構造は昔のまま。改良の余地がないほど完成された設計なのだ

●ソフトグライダー

発売年：1974年　価格：60円〜100円前後（販売店によって異なる）
問合せ：ツバメ玩具製作所／電話番号非掲載

手芸セット（リリアン）

指輪やブローチ、ビーズ、ひとまわり小さい「リカちゃん」みたいな着せ替え人形、そして別項で紹介している「チエンリング」などが並ぶ駄菓子屋の「女の子コーナー」のなかで、男の子にとってもっとも謎めいて見えたのが「リリアン」だと思う。外観からは使い方がまったくわからず、女の子だけの「秘密の道具」という感じだった。「リリアン」はもともと「リリヤーン（ユリ印の糸）」というメリヤス編みの糸の商品名。後にメリヤス編みでヒモを編むことを示す言葉に転化したらしい。このイトウ製は駄玩具「リリアン」の最古参商品。初期の編み機は木製で、一九六三年にプラスチック製になった。七〇年代初頭に糸とセットになり、現在のスタイルが完成。

本書の商品撮影のため、経理担当Yさん（二〇代・女性）に「リリアン製作」の実演をしてもらったが、手芸に縁のない人間の目にはすごく複雑&大変そうで、遊びというより「内職」っぽい。しかも、できあがるのはただのヒモ。初めて「秘密の道具」の正体を知ったものの、「どのへんが楽しいのか？」については、男性には永遠の謎？

●手芸セット(リリアン)

発売年：1970年代前半　価格：150円前後
問合せ：株式会社イトウ／03-3851-2606

短時間で美しいヒモができあがる。が、「ヒモをつくってどうするの？」と聞くと、「別にどうもしない」と答える元・少女たちが多い。やはり、「つくる」を楽しむ玩具らしい

ニッチング手芸

こちらも前項の「リリアン」を製造する老舗手芸駄玩具メーカー、イトウの商品。「リリアン」の豪華版というか、糸や各種道具をケースに収めた手芸セットだ。

かつては駄菓子屋の「女の子」コーナーの一番奥に置かれていることが多かった。陳列棚の「奥」は、抱き人形や着せ替え人形など、駄菓子屋店内では破格の高額商品が並ぶ場所であり、この「ニッチング手芸」もかなり高価な商品だったのだろう。

現在の女の子たちが手芸というものにどの程度の興味を抱いているのかは知らないが、八〇年代までは女性のホビーの王道で、子どもにとっても手芸遊びは定番のひとつだったと思う。大手玩具メーカーも、「あむあむ」や「あみっこ」（どちらもトミー）など、本格的な子ども用編み機を売り出し、盛んにCMを放映していた（タカラトミーは数年前まで、かつてのものとはだいぶ構造は違うが、「あむあむ」を販売していた）。マテルの「ニットマジック」なんてのも懐かしい。どれもかなり高価で、七〇年代女子にとっては「ねだってても買ってもらえなかった」という商品の代表だ。

花型のラベルがとても印象的。セット内容は各色の糸、編み機、編み棒、遊び方の説明書。かつては金属製の編み棒がついていたのだが、現在はピンク色のプラスチック製に変更されている

●ニッチング手芸

発売年：1970年代前半　価格：500円前後

問合せ：株式会社イトウ／03-3851-2606

バードホイッスル

いわゆる「水笛」。一定の水位まで水を入れ、ちょっとかたむけながら吹くと「ピロピロピロ……」とかわいい音を出す笛だ。昔から定番の駄玩具だが、いかにも「女の子限定です」という外観なので、男の子にはちょっと手を出しにくい商品だった。初めて鳴らしてみたが、これがなかなかむずかしい。水位や笛の角度、息の出し方などに微妙な調節が必要で、それを把握するまでは「プシューッ」としか鳴らない。あれこれ試しているうちに、なにかこう、いろいろな条件がピッタリと合う瞬間があるらしく、突如、軽やかな「ピロピロ音」に変化する。思わず「あっ、鳴った！」と叫んでしまうほど、大きな達成感が得られる笛なのである。

夏のイメージがあるのは、水を使って涼しげな音を出すから、というだけでなく、縁日の夜店でよく売られたからだろう。夏の夕暮れ、母親に連れられて縁日に行く途中、片手で「水笛」をピロピロ、もう一方の手で水ヨーヨーをバシャバシャする浴衣姿の女の子などとすれ違うと、「お祭りだなぁ」という気分になったものだ。

外袋は変わったが、本体のデザインは昔のまま。最近は各種アニメキャラなどが小鳥の上にのっかっている、というデザインの水笛が増えた。が、やはりこの基本形が一番かわいらしい

●バードホイッスル

発売年：1970年代前半　価格：60円前後

問合せ：株式会社ベル玩菓／072-966-0271

ぴょんぴょんカエル

別項の「吹き上げパイプ」などとともに、幼児向け駄玩具の代表的商品。幼稚園入園前後に誰もが一度はこれで遊び、小学校にあがると見向きもしなくなってしまう。

この種のカエルで昔から有名なのが、女の子用駄玩具の定番「チエンリング」（別項で紹介）を製造するホームラントーイの「カエルのコロちゃん」。カエルとハスの葉のイラストが描かれた水色の紙箱を覚えている人も多いだろう。しかし、残念ながら二〇〇六年で製造終了とのこと。代わりに「バードホイッスル」（前項を参照）を製造する老舗、ベル玩菓の「ぴょんぴょんカエル」を紹介する。こちらも三〇年前からの古参カエルである。このベル製も、消えた「コロちゃん」も、さらにはほかのメーカーの類似商品も、近年まで市場に残っているカエルはみんな背中に子ガエルをのせた「親子タイプ」。かつては「一匹タイプ」も多かったと思うが。

「いまいちうまく跳んでくれない」のは昔からだが、このおもちゃ、実は水陸両用。陸上ではたどたどしい動きだが、お風呂ではスイスイ泳いでくれた記憶がある。

僕らの父親世代は「カエルのお尻にワラを刺し、プーッと吹いて破裂させる」などという、極悪非道かつ変態的な遊びをしていたらしい。似たようなことをおもちゃのカエルではよくやった。ホースをはずし、直接カエルの体に息を吹き込む。ピクッ、ピクッと足が伸縮しておもしろいのだ

●ぴょんぴょんカエル

発売年：1970年代前半　価格：60円前後

問合せ：株式会社ベル玩菓／072-966-0271

玉子になるハンカチーフ

「8つの手品」の項でも書いたが、手品というとどうしても小学生時代の「お楽しみ会」の思い出になってしまう。手品をやったり見たりする機会が、今までの人生のなかで「お楽しみ会」以外にはなかったのである。で、このテンヨーの「玉子になるハンカチーフ」も、やはり「お楽しみ会」の記憶に直結している。

当時の子どもたちが「お楽しみ会」でやる手品は限られていて、別項で紹介している「8つの手品」など、ほとんどがテンヨーかサンスターの初心者向け手品セットを使ったものだった。しかもおこづかいの範囲で買えるものを使うので、選択肢は全部で五種類くらいしかない。みんながほとんど同じ手品を披露することになる。当然、誰もがそれぞれの出し物のタネを知っているわけで、演技の途中で観客に「ネタばらし」をされることが頻発したのだ。小学校三年のころの「お楽しみ会」で、このタマゴの手品を披露した子がいた。が、開始早々、一番前の女子の「アハハッ！　タマゴ、見えてるよ！」のひとことで終了。残酷な数分間だった。

他社からも同種のモノが出ているが、やはりこのテンヨーの渋いパッケージじゃないと「手品用品」という感じがしない。手が小さかった小学生時代は「むずかしい」という印象だったが、ちょっと練習すれば初心者でも簡単にこなせるレベル。隠し持つタマゴも実物より小さめにデザインされている

●玉子になるハンカチーフ

発売年：1970年代前半　価格：700円

問合せ：株式会社テンヨー／03-3647-4670

糸吹き上げ

個人的にはものすごく懐かしい一品だが、あまりに地味すぎて印象に残らない駄玩具なのか、これを見せても「なんですか、それ？」という人が多い。「糸吹き上げ」という名称は今回僕も初めて知ったが（当時、名前などは特に意識されない玩具だったと思う）、別項で紹介している「吹き上げパイプ」の親戚みたいなもので、息によってカラフルな糸をクルクルと回して遊ぶ玩具である……といっても、知らない人にはちょっとイメージしにくいと思うが、パイプに上手に息を吹き込んでいくと（強すぎても弱すぎてもダメ）、パイプ先端に取りつけられた輪っか状の糸がシュルシュルシュル……と回りだす。それだけなのおもちゃなのだ。生きもののようにフワリと動きはじめる糸のアクションと、七色の糸が回転するときの色合いを愛《め》でて楽しむのである。

当時、主流だったのはポパイのパイプのようなシンプルな形状のものだった。このタイプは息の調節が難しく、なかなかうまく回らなかった。後に、ここで紹介しているようなジュースのビン型が発売され、素人でも簡単に楽しめるようになった。

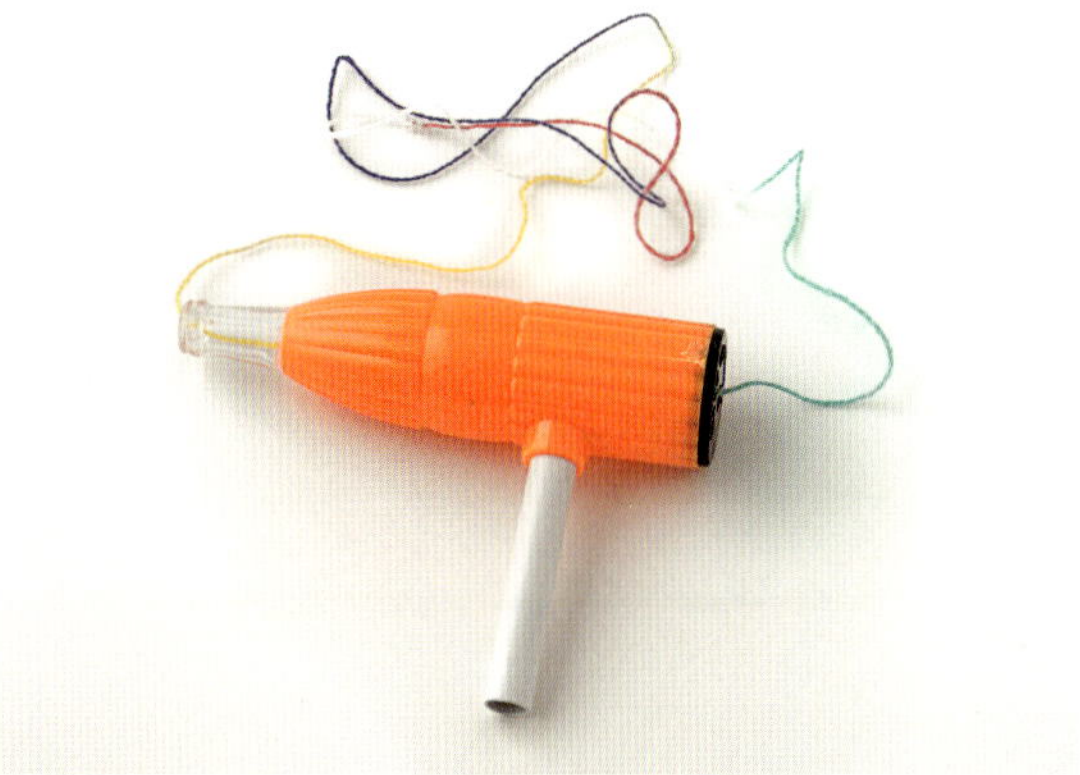

どういうわけでジュースのビン型が採用されたのかは不明だが、昔はコーラのビンを模したスタイルが一般的だったと思う。紹介するこの商品はオレンジジュースのビンをモチーフにしているようだ。どちらかというと女児玩具で、これで遊んでいるのは基本的には女の子ばかりだったと思う

●糸吹き上げ

発売年：1970年代前半　価格：105円
問合せ：岩崎文具株式会社（昭和レトロ倶楽部）／
http://retro-club.com

あやとりひも

昭和の小学生男子にとって、もっとも「女々しい」とされる遊びの代表が「あやとり」だったと思う。『ドラえもん』でも、よく「のび太」が「ジャイアン」や「スネ夫」に「やーい、男のくせにあやとりなんてやってらぁ！」などとからかわれていた。

が、たぶん七〇年代の後半ごろ、僕が小学校の三年生のころにちょっとした「あやとり」ブームがあって、書店に多くの「あやとり入門書」が並び、「いちご新聞」などにも毎回あやとりのワザ（？）を解説する記事が掲載された。もちろん女の子主導のブームだったが、ウチのクラスでは男子も影響され、この一時期だけは僕らも「あやとり」に夢中になったのである。あのブームはなにがきっかけだったんだろう？

多くの子が毛糸を用いて「あやとり」を楽しんでいたが、毛糸はすべりが悪く、やたらとひっかかる。特にパン！と手を叩いて一瞬で「ほうき」をつくる「魔法のほうき」などを行う際には、非常に扱いにくかった。そこで大流行したのが駄菓子屋で売っている専用ヒモ。女子の一人が使いはじめて注目を集め、一気に教室中に普及した。

「リリアン」でおなじみのイトウの製品。コシがあるのにしなやかで、なによりスルスルとすべってくれるので非常にワザを行いやすい。基本的なワザを解説したマニュアルつき

●あやとりひも

発売年：1970年代前半　価格：100円前後

問合せ：株式会社イトウ／03-3851-2606

黒ひげ危機一発

七〇年代っ子たちにとって、これはもはや「家庭の常備玩具」。どの友達の家に行っても「黒ひげ」の箱を見かけたものだ。ヒットのきっかけは、一九七六年にスタートしたテレビ番組『クイズ・ドレミファドン！』。番組内に「黒ひげ」を使ったコーナーがあったのだ。現在、「『黒ひげ』を飛び出させちゃった人」の負け、というルールが常識だが、実はこのゲーム、本来は「縛られてタルに入れられた海賊を、ナイフでロープを切って救出する」というモノ。つまり、「飛び出させちゃった人」の勝ち、なのだ。が、『ドレミファドン』では逆に使用され、こちらのルールが王道となってしまった。初代版には正式ルールの説明書が入っていたそうだが、読んだ覚えはない。あの「ナイフでグサグサ」が「救出活動」だとは、夢にも思わなかった。

かつての「黒ひげ」には必勝法があった。そぉ〜っとナイフを差し込むと、「危険な穴」がわかるのである。ナイフの先がカチッとなにかに当たるのだ。当時、この秘密を知った僕は百戦錬磨だったが、現行品では改善されてしまっている。

「一発」は「一髪」の誤植ではなく、こちらが正式。「キティちゃん」や「トイ・ストーリー」のバージョンも販売されているが、「元祖」は昔ながらのデザイン。ナイフに突起がついたため、かつての「危険な穴サーチ作戦」はもはや不可能。突起が穴に引っかかり、一気にグサッとやらないと刺さらないようになっている

●黒ひげ危機一発

発売年：1975年　価格：1700円
問合せ：株式会社タカラトミー／0570-04-1031

モーラー

この商品については、忘れがたい「落胆の思い出」がある。「不思議な生物！」としてCMに登場した「モーラー」は、指の間をニョロニョロとすりぬけたり、コップの中からからヒョイと顔を出したりしていた。子どもならずとも「どういうシカケで動いてるんだ⁉」と目を見はってしまう。まさか本当に生きているわけではないだろうし、かといって電池が入っているようにも見えないし……。買ってみてビックリ。動かないのである。「動く」のではなく、釣り糸で引っぱって「動かす」のだ。実はこのおもちゃ、「動きを楽しむ玩具」ではなく、「動かして楽しむ玩具」なのである。あたかも生きているかのように操作して友達を驚かせる。そのためにいろいろと工夫して動かし方を練習する……というのが正しい遊び方。ちょっと手品グッズに近い。

幼児だった僕は、「動かない」ことに泣く寸前に追いこまれるほどの衝撃を受けたが、ちゃんと趣旨を理解して楽しむ子も多かったらしく、発売後二カ月で二〇〇万個の売り上げを記録、以降、四〇年にわたって親しまれる長寿玩具となった。

●モーラー

発売年：1975年　価格：430円
問合せ：株式会社増田屋コーポレーション／
03-3861-0152

オーストリアのペシカルスキーという人（何者？）が発明、1975年のドイツのトイショーで発表した。名前の由来は「モール」でつくられていることから。大ヒットにより案の定数々のバッタモンが登場。ガチャガチャにも採用された。今も色違いのニセ「モーラー」（「つちのこ」という商品名）をよく見かける

電子ブロックｍｉｎｉ

学研の各種「エレクトロニクス玩具」には、ほかのおもちゃにはない独特の雰囲気がある。子ども時代、あこがれの目で眺めてはいたものの、結局、最後まで縁がなかった。「トランシーバー」はすごくほしかったが、やはりちょっと高価だったし、別項で紹介した「メカモ」はむずかしそうな気がしたし、人気を博していた「マイキット」は感電しそうな気がした。ＳＦっぽいおもちゃは巷《ちまた》にあふれていたが、なにしろこっちは本物の「科学」である。「理科の実験授業とか、ぜんぜん意味わかんないしなぁ……」という引け目もあって、少々近寄りがたい感じもあったのだ。

そんな学研の「エレクトロニクス玩具」の象徴といえば、この「電子ブロック」。トランジスターやＩＣなどの回路素子ブロックをはめ込んでいくことで、多種多様な電気実験ができるキットだ。近年まで復刻版が販売されていたが、こちらは残念ながら生産終了。が、『大人の科学マガジン』の付録として開発された「ｍｉｎｉ」は入手可能だ。サイズはミニだが、オリジナル同様、ラジオや嘘発見器などの製作が可能。

ミニチュア版とはいえ、25個のブロックを組み換え、ラジオ、嘘発見器、アンプ、ワイヤレスマイクなど、50種の電気回路の組み立てが楽しめる。かつては豆電球が採用されていたが、この最新版「mini」にはLEDが用いられている

●電子ブロックmini

(『大人の科学マガジン』Vol.32付録)
発売年:1976年　価格:3800円
問合せ:学研マーケティング/03-6431-1205

パックリ

子ども時代、「手ぶら」でお風呂に入ることはまずなかった。お風呂用の玩具はもちろん、入浴剤「バスクリン」「シャワシャワ」などのオマケ（お風呂で遊べるおもちゃがオマケについていた。記憶に残るユニークなモノが多い）、ソフビ人形など、たいていは五、六個のおもちゃを持ち込んだ。湯船の中で「やっぱりあっちを持ってくればよかった」とわざわざ取りに出るのがいやで、いくら気が変わっても大丈夫なように「予備」の玩具を複数待機させておくのが習慣になっていたのである。

当時のお風呂用玩具といえば、主流はただ泳ぐだけのイルカ、アヒル、カッパなど。せいぜい水をふき出すギミックがつく程度だった。そこに、エサを追いかけてパクッと食べちゃう、という驚くべき動きをする「パックリ」シリーズが登場した。ヒモでつながれたエサを口の中からギギギッと引き出すことでゼンマイが巻かれる、シンプルかつ画期的な機構。「考えた人はすごいなぁ」と思ったが、残念ながら、僕が持っていたのはオリジナルではなく、システムをパクった入浴剤のオマケのほうだった。

陸上でもユニークな動きは一目瞭然、ということで店頭でも実演PRがしやすく、大ヒットを記録した。発売時にはサメも販売されていた。初代のキャラはなぜか全員メガネをかけていた

●パックリ(左：パックリかば、右：パックリかえる)
発売年：1976年　価格：各500円
問合せ：株式会社増田屋コーポレーション／03-3861-0152

こえだちゃんと木のおうち

オリジナルキャラクターを中心に、建造物や乗りもの、各種別売りパーツなどで独自の世界を構築していく、というスタイルは旧タカラの「お家芸」。その代表が七〇年代男子必携の玩具、「ミクロマン」。その三年後に登場した「こえだちゃんと木のおうち」は、いわば女子版「ミクロマン」だ。基本の「木のおうち」を揃えれば、どうしても「ペットマション」や「フルーツショップ」や「りんごのおいしゃさん」も追加し、「こえだちゃん」の世界を完成させたくなってしまう。子ども部屋の中に「もうひとつの小さな世界」をつくりたい。そんな「天地創造」欲求に駆られるのである。

この「おしゃべりコレクション」はシリーズの最新バージョンで、「おしゃべり機能」というギミックを装備。人形を「おしゃべり台」にのせると、キャラクターに合わせて「おはやっほー！」などとしゃべりだす。キャラクターごとに違った声で、一七種類の挨拶や台詞《せりふ》が入っているそうだ。「こえだちゃん」といえば、初期ＣＭで男子にも印象的だったエレベーター。もちろんこのバージョンにもついている。

© TOMY／designed by Suzuka Yoshida.

「おしゃべり機能」やエレベーターのほか、チャイム、光るランプ、くるくる回転するお部屋などなど、自分で動かして遊べる仕掛けが満載。ほかに「おしゃべりコレクション　ハローキティ いちごのキッチンハウス」などのシリーズがラインナップされている

●こえだちゃんと木のおうち

発売年：1977年

価格：6600円　※こえだちゃん以外の人形・家具は別売り

問合せ：株式会社タカラトミー／0570-04-1031

元祖 モグラたたきゲーム

七〇年代のなかば、東洋娯楽機（後のトーゴ。「花やしき」を支えてきた会社）が開発した「エレメカ」の代表作、「モグラ退治」ゲームの家庭版。一九七七年に発売され、一〇〇万個を売り上げるヒット商品となった。二〇〇七年の販売三〇周年を目前にリニューアル、上級者向けの高速機能などが追加されての再デビューとなった。

画面の中で映像が動くビデオゲームに取って代わられるまで、アーケードゲームの主役は、モノが物理的に動く、もしくはプレイする人が体を動かして楽しむ「エレメカ」だった。特に「スペースインベーダー」が登場するまでは街に「ゲームセンター」などなく、ゲームを楽しむのはもっぱら遊園地や観光地の「遊技場」やデパート屋上の「ゲームコーナー」。「UFOキャッチャー」の元祖のような「クレーンゲーム」、コインがジャラジャラと出てくる各種メダルゲーム、「エアホッケー」や「ミニドライブ」（ベルトコンベヤーの上をミニカーが走る）、「サブマリン」（戦艦を撃沈）や「シーデビル」（エイを銃撃）などに時間を忘れて夢中になったものだ。

外観に大きな変更はないが、モグラのアクションのスピードを2段階に調節できる「高速モード」切り替え機能を搭載。小さな子どもから大人まで楽しめるゲームとなって新登場。ロングセラーの秘密は、その単純明快なルール。ゲーム類が複雑化する昨今、幼児でも遊べる商品は貴重なのだ

●元祖 モグラたたきゲーム

発売年：1977年　価格：2980円
問合せ：株式会社バンダイ／04-7146-0371

マグネチック キング ダイヤモンド

小学生時代、家の二階にあった四畳半を最初の子ども部屋としてあてがわれた。そこは以前、父親の書斎みたいなスペースだったと思う。小さな押し入れがあり、二眼レフカメラの道具やら、製図用品のセットなどがしまってあって、どれも父親が過去に夢中になった「趣味の残骸」みたいなモノだった。よくそこを漁《あさ》っていたのだが、あるとき、いくつかのゲーム盤らしきものを発見した。ひとつはチェス、もうひとつは、六〇年代に流行した「家庭盤」（盤の表裏で別々のゲームができるセット）、そして、ハナヤマの「ダイヤモンドゲーム」だった。確かマグネット式ではなかったと思うが、ここで紹介する商品とほとんど同じ青い箱だったことを覚えている。

「これ、なあに？」と母親にたずねると、「やってみる？」ということになって、ルールを教えてもらいながらプレイした。そのルールも今ではさっぱり覚えていないが、自分が生まれる前に両親がふたりで楽しんでいたらしい「大人のゲーム」で遊んでいるという、あのときのくすぐったいような不思議な感覚は今でも忘れられない。

「ダイヤモンドゲーム」の流行は、なんと1920年代の後半。ハナヤマは30年代に木製の製品(盤が円形のタイプ)を発売、60年代にふたつに折りたためる盤とプラスチック製駒のセットをヒットさせ、これが以降の定型となる。当時はどこの家庭にもあった国民的ゲームのひとつだった

●マグネチック キング ダイヤモンド

発売年：1977年　価格：1500円

問合せ：株式会社ハナヤマ／047-337-2215

せんせい（2カラーせんせい）

この「せんせい」は、僕にとっては「ほしかったけど買ってもらえなかった玩具」のひとつだ。親に「ダメ！」と言われたわけではなく、「買ってくれ」と言い出せなかったのだ。「せんせい」は、磁石を応用して絵を描いたり、それを一瞬で消したりすることのできる「落書き用スクリーン」で、特にレバーをサッと動かして描いたものを一瞬で消去するアクションが魅力的だったたし、不思議だった。CMを見て即座に「ほしい！」と思ったのだが、なぜか「せんせい」のCMは「女の子向け」の雰囲気が濃厚だった。また、当時の箱にも女の子の写真が印刷されていた。女児玩具を親にねだるのは抵抗があり、最後まで「買って」と言い出せなかったのである。

発売は一九七七年。構造や構成はこの時点でほぼ完成しており、専用のマグネットペンのほか、当初から現行品同様、丸や三角などの図形スタンプが付属していた。長い歴史のなかで、作曲や演奏ができる「シンガーソングライター」、線路などを描いて乗りもの遊びができる「のりものせんせい」など、各種バリエーションが発売された。

© TOMY

「2カラーせんせい」の商品名どおり、「せんせい」史上初の二色描画ができるバージョン。赤いペンで描けば赤、黒ペンでは黒の線を描くことができる。ほかに携帯に便利なミニサイズ「おでかけせんせい」(2200円・一色描画)がラインナップされており、「ハローキティ」「リラックマ」などのキャラクター仕様のデザインも販売されている

●せんせい(2カラーせんせい)

発売年：1977年　価格：3980円

問合せ：株式会社タカラトミー／0570-04-1031

日本の名城シリーズ　ゴールド江戸城

八〇年代までは都内のあちこちの商店街に「模型専門店」があり、近所の男の子たちの溜まり場になっていたものだ。お店の商品の並べ方はだいたいどこも同じで、まず入り口付近に売れ筋の人気商品を置く。七〇年代なかばならバンダイの『宇宙戦艦ヤマト』シリーズ。後半になるとスーパーカーの各種スケールモデル。八〇年代初頭は、もちろん「ガンプラ」だらけ。その奥に行くと、当時は愛好者が多かったタミヤのミリタリー系がズラリと並び、さらにジオラマのパーツ、ラジコン、Nゲージと続く。奥に行くに従ってマニア度が高くなり、お店の最深部にあるのが「好事家専用」コーナー。そこで燦然《さんぜん》と輝いていたのが、各社から出ていた「お城」のプラモデルだった。

ここで紹介するのは童友社「日本の名城」シリーズの「江戸城」。同社は今もさまざまな価格帯で多数の「お城」プラモを販売しており、この比較的お手軽なものから、金メッキ加工の超豪華版「デラックスゴールド」(五五〇〇円)、さらにドイツの古城「ノイシュバンシュタイン城」まで、マニア垂涎のキットをラインナップしている。

1/700のスケールで精密に再現された江戸城。「ジョイジョイコレクション」という初心者にも手を出しやすい1200円のシリーズに金メッキ加工を施したもので、ほかに姫路城、大阪城など、10種以上の名城が販売されている。さらに大型キットの「スタンダード」、城の周囲の情景まで再現する「デラックス」など、シリーズも多彩

●日本の名城シリーズ　ゴールド江戸城

発売年：1978年　価格：1500円

問合せ：株式会社童友社／03-3803-4747

ガブッチョフィッシング

ヨネザワといえば、僕ら世代にはとても懐かしい老舗玩具メーカー。九〇年代にセガトイズに吸収され、現在では実質的に消失してしまった。看板商品は家庭用のスロットレーシングカーセット「ビッグレーシング」シリーズ。おいそれと手が出ない価格だったこともあって、男の子たちの憧れだった。数年前まではチェリコという会社が商品を継承して販売しており、この『まだある。玩具編』の初版にも掲載されていたのだが、残念ながら会社ごと消えてしまったようだ。ヨネザワはラジコンにも力を入れていて、人生初のラジコンはヨネザワ製だった、という元・男の子も多いだろう。

また、アナログゲームでも印象的な商品を残しているが、なかでも多くの人の記憶に残っているのが、楽しげなCMでヒットした「ガブッチョフィシング」だろう。うれしいことに、この名作は現在も三英貿易が継承し、バリバリの現役商品として販売されている。パッケージに書かれている「いろいろ出ました…でもやっぱり魚つりはガブッチョ!」というコピーが泣ける。同世代なら深くうなずいてしまうはずである。

ヨネザワ時代は「ガブッチョ魚つりゲーム」という商品名だった。この三英貿易の商品はほぼヨネザワのデザインを引き継いでおり、印象的なギザギザの歯を持った魚の顔などもあのころのまま。小さなこどもから大人まで夢中になれる昭和のアナログゲームの名作である

●ガブッチョフィッシング

発売年：1978年　価格：2800円

問合せ：三英貿易株式会社／03-3556-7789

スライム

我々世代には「最高の入手難易度を誇ったおもちゃ」として記憶される商品だ。人気に火をつけたのは発売時のテレビCM。緑色の「謎の物体」で両手をベトベトにしたお巡りさんが「ギャ〜ッ！」と絶叫する内容で（ビキニのお姉さんが絶叫するバージョンもあった）、商品説明らしきものは最後の「謎の物体、『スライム』！」というナレーションのみ。あまりにも謎めいたCMに誰もが「なんだ、ありゃ？」と好奇心をかきたてられ、もちろん僕もすぐにおもちゃ屋に走ったが、地元駅前の二軒の店では予約待ち、渋谷や銀座のデパートをまわっても売り切れ。実家が子ども服屋だったので玩具問屋にもツテがあったが、そっちに手をまわしてもらったがダメだった。

学校では「どこそこで売ってたゾ」なんていうデマ情報が流れまくったりして、右往左往する犠牲者が続出する始末。結局、地元の店で予約券をもらって一カ月待ちでようやく購入した。初めて実物に触れて、宣伝どおりの「謎の物体」ぶりにビックリ。「ひたすらいじる」以外に特に楽しみ方はないのだが、他に類を見ない傑作玩具だ。

ブームが一段落した後、類似品のガチャガチャが流行。本家ツクダオリジナル(当時)からは、ゴム製のカエル&オタマジャクシ入りの青い「スライム」、ミミズ入りの赤い「スライム」が発売された。懐かしいのは感触よりも匂い。「スライム」臭としか呼びようのない、この商品特有の香りだ

●スライム

発売年：1978年　価格：780円

問合せ：株式会社メガハウス／04-7146-0651

たまごひこーき

僕はいわゆる「ちゃんとしたプラモデル」にはあまり興味がなくて、クルマや飛行機、ミリタリー系のスケールモデルなどにはいまひとつ手が伸びなかった。大好きだったのはやはりイマイの「ロボダッチ」。そのほか日東やマルイから出ていた妖怪シリーズ。乗りもの系でも「カーダッチ」（乗りもの系なのか？）とか、本書でも紹介した「ビックリ分解自動車」とか、あと、確かモンキー・パンチが箱絵を描いていた靴型や風呂型自動車のマルイ「ずっこけオフロード」シリーズなど、要するに「なんじゃこりゃ？」というユニークなモノばかりに飛びついていたのである。

この「たまごひこーき」を見て「うわっ、懐かしい！」と思う人は、おそらく僕と同類だと思う。発売は一九七八年。第一号商品は「零戦」だったが、実機をモデルにしながらもズングリムックリの卵型。まさに「なんじゃこりゃ？」という驚きとともに登場した。ポップでキュート、手のひらサイズで組み立てもシンプル。それまで飛行機モデルに興味のなかった子たちまでが、コレクションに夢中になったのである。

2007年に復活したリニューアルシリーズ。現在は藤沢孝氏による萌系の箱絵が採用されているが、当時は特にキャラもなく、コミカルな筆致で卵型飛行機のイラストが描かれていた。「零戦」(07年発売)、「ハリアー」(08年発売)などの人気機種のほか、「スペースシャトル」などもラインナップされている

●たまごひこーき(右:F-15イーグル、左:零戦)

発売年:1978年　価格:各800円

問合せ:株式会社ハセガワ/054-628-8241

江戸神輿《みこし》

昭和の模型店は店の奥へ行けば行くほど商品構成がコアなものになっていく、と「お城」プラモの項で書いたが、その「お城」よりもさらにマニア度が高いのが、もはや「ノンジャンル」としか表現のしようのないプラモたちだ。当時は「誰がどういう意図でこれを買うのか？」と首を傾げるような商品が多数販売されていた。たとえば「楽器」プラモ。ギターやドラムのスケールモデルで、ニチモが大量に発売していた。また、「ラジオ」「ステレオコンポ」のプラモ。この種のプラモはアオシマが得意としていたはずだ。どちらのシリーズもそれなりにヒットし、ロングセラーになっていたのである。おそらく、そう簡単には所有できない高額商品を、せめてプラモデルとして所有し、代替的に物欲を満たす……というような機能があったのだと思う。という意味では、昔から存在するこの「神輿」プラモも、個人では所有できないモノを所有する、という目的に特化したプラモなのだと思う。ディテールにこだわった超リアルなつくりは、「神輿所有欲」(?)を完璧に満たしてくれるのだろう。

本物の紐、鈴を使用し、ふんだんに金メッキ部品を採用した超豪華な仕様。室内の装飾品として、また贈答品として用いられることも多いそうだ。写真は黒い本体を紫の紐で飾った「黒塗紫房」の1/5スケール。ほかに茶に朱色の紐を用いた「茶塗朱房」があり、それぞれひとまわり小さな1/8スケールモデル(6800円)も用意されている

●江戸神輿(1/5スケール「黒塗紫房」)

発売年:1970年代後半　価格:12000円
問合せ:株式会社童友社/03-3803-4747

日本の名刀　宮本武蔵

マニアックなプラモをもう一発。これも昔からひとつのジャンルを築いているが、「和モノ」という分野がプラモ市場には存在する。「お城」「神輿」などもそうなのだが、ほかにもたとえば「和太鼓」とか、ここで紹介する童友社も手がけている「甲冑」「人力車」「屋形船」など。さらに、惜しくも絶滅してしまった河合商会のロングセラー、「日本の風物詩シリーズ」。古きよき日本の風景のジオラマキットだ。また、七〇年代は時代劇ブームだったからなのか、「侍」とか「悪代官」とか「大名行列」とか、タミヤのミリタリー系のキットを時代劇世界に置き換えたような商品も各社が販売していた。ほかに「力士」や「相撲部屋」のプラモなんてのもあったはず。

この「日本刀」プラモも当時から「和モノ」の代表であり、やはりおいそれとは所有できないモノを所有する夢を満たしてくれる一品だ。刀なんて構造はシンプルだし、プラモ化できるのかな？　と思ってしまうが、説明書を見ると部品点数も多くて、かなり本格的なキットだ。昨今の歴史ブームもあって、愛好者も増えているらしい。

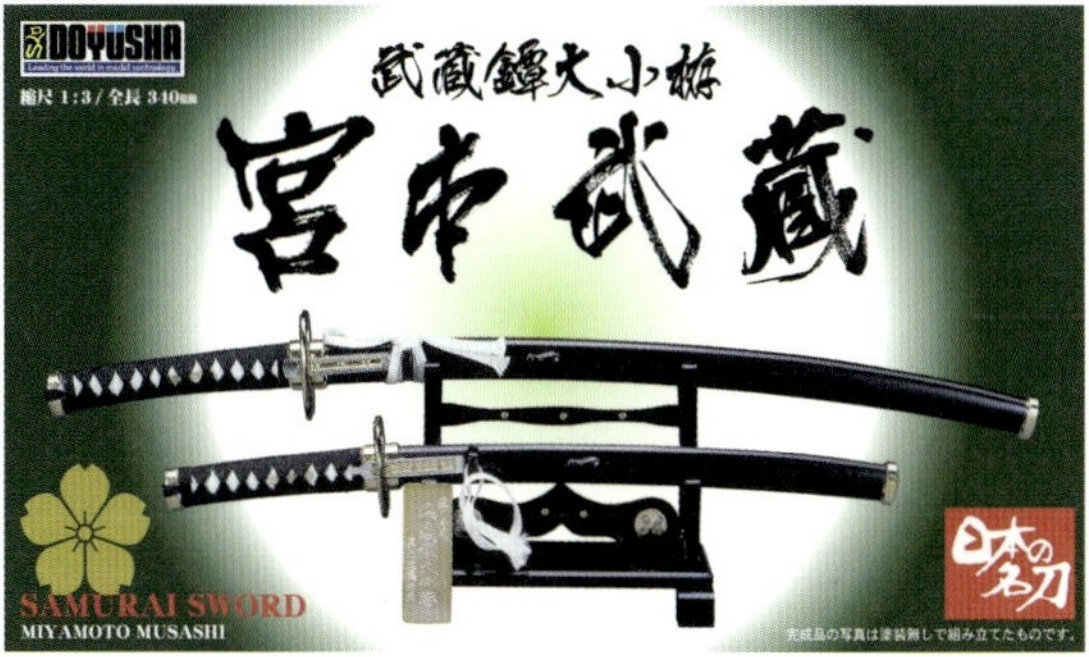

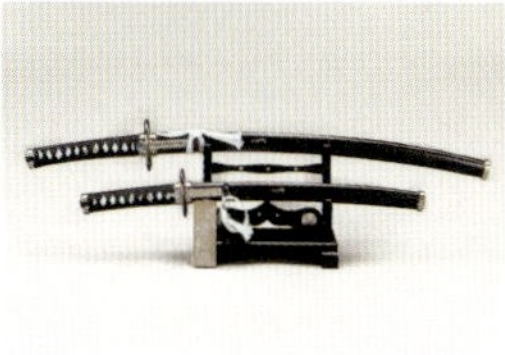

剣豪たちの名刀を1/3スケールでリアルに再現。写真の「宮本武蔵」のほか、「上杉謙信」「柳生十兵衛」「豊臣秀吉」などがラインナップされている。また、「一刀」シリーズ(一本の刀を飾るタイプ)もあり、こちらは「武田信玄」「源義経」「徳川家康」「井伊家伝来」の4種(各2000円)

●日本の名刀(二刀)宮本武蔵

発売年：1970年代後半　価格：2000円
問合せ：株式会社童友社／03-3803-4747

自転車プラモデル

この商品を製造しているイケギ玩具制作所は、一九五六年に大阪で創立された玩具メーカー。創業者は「ゼンマイや電池などの機械仕掛けに頼らない、安心・安全・安価で、工夫に満ちた小さな玩具」を製造しようと、これを「ポケット玩具」と名づけた。以降、イケギは半世紀以上にわたって「ポケット玩具」の基本コンセプトを堅持しながら、さまざまな「小さなおもちゃ」をつくりつづけてきた。そのなかには、我々世代が幼少期に駄菓子屋の店頭で目にしたモノも多い。現在、一部のレトロ好きたちの間で「フエラムネ」（コリス）のオマケが話題になっているが、コレクターにはおなじみの昭和感満点の怪獣や怪人のフィギュアは、イケギが六〇年代から同じ金型を使ってつくっている。昭和テイストではなく、純度一〇〇％のリアル昭和なのである。

ここで紹介する「自転車プラモデル」も、同社が約三五年間にわたって製造をつづける「駄菓子屋プラモ」の代表だ。このテイストのプラモが今でも現行品で、非プレミア価格のたった七〇円で入手できるということ自体、本当にスゴイことだと思う。

まずは組み立て説明書を兼ねた台紙のイラストを鑑賞していただきたい。80年代以前の「ヤング感」に思わずニンマリしてしまう。プラモ自体のデザインも非常によく、昭和の業務用自転車のテイストだ。もちろんタイヤは回転するし、ハンドルは曲げることができ、スタンドは可動するのでちゃんと自立させることができる。イケギの商品はすべてHPから通販も可能。http://ikegi.co.jp/

●自転車プラモデル

発売年：1970年代後半　価格：70円
問合せ：株式会社イケギ玩具制作所／06-6791-3838

蒸気機関車プラモデル

こちらもイケギが七〇年代から製造している「駄菓子屋プラモ」。前項の「自転車」もそうだが、駄菓子屋の店先で販売用の台紙にたくさん貼りつけられて売られていた安価なプラモには、模型店のメジャーなプラモとはまったく違う独特の味わいがあった。僕ら世代の多くにとって、実は最初につくったプラモはこの種の商品なのである。当時はいろいろと種類があって、戦車、戦闘機、軍艦などのミリタリー系から、テレビでは見たことのない怪獣や宇宙人、ロボット、変身ヒーローたち。「ウルトラマン」に似てはいるけど違うらしい、みたいなモノも多かったし、「パーツが足らない！」とか、「部品と部品がくっつかない！」なんてことも日常茶飯事だった。

このイケギの機関車は、一〇〇円とは思えぬ立派な箱入りだが、開けてビックリ。パーツ点数も多く、個々のパーツのディテールも細かく、「え？」と声が出るほど本格的なプラモなのだ。複雑な構造の車輪まわりもリアルで、石炭を積んだ貨車までついている。この驚き、カバヤ「ビッグワンガム」登場時の衝撃とそっくりである。

本文にあるとおり、同世代男子なら嫌でも「ビッグワンガム」の「D-51」を思い出すはず！　パーツの構成もかなり似た感じだったと思うし、「この値段でほんとにいいの？」と思ってしまうクオリティの高さも同じだ。なにより、今はほとんどなくなってしまったこのスケールのプラモを組んでいく感覚が懐かしい。できることならシリーズで戦艦大和や18輪（だっけ？）トラックとかも出してほしい！

●蒸気機関車プラモデル

発売年：1970年代後半　価格：100円

問合せ：株式会社イケギ玩具制作所／06-6791-3838

スパークラー

引き金を引くと円盤がギューンッとまわりだし、カラーセロファン越しにパチパチと小さな火花を散らす。縁日の夜店で見かけることが多く、暗い神社の境内などでデモンストレーションをしながら売るにはピッタリのおもちゃだった。縁日で買ってもらって、家に帰り着いたときには飽きている、という刹那《せつな》的なおもちゃでもあった。

電池で動くブリキ製の戦車やロボット、ライターのヤスリ部分を応用した玩具など、かつては「火花を散らすおもちゃ」は多かった。やはり危ないということになったのか、最近はほとんど見かけない。近年まで旧製品の在庫が流通していたこの「スパークラー」も、とうとう最新かつ安全な製品に改善(?)されてしまった。火花が出ない代わりに赤いＬＥＤがチカチカと輝き、なんとなく雰囲気だけは味わえます……というシロモノに生まれ変わったのである。火花を出すための玩具なのだから、そこを改変しちゃうならもういっそのこと生産終了にしてしまえばいいのに、とも思うが、ＬＥＤを仕込んでまでこの駄玩具を残そうというメーカーのこだわりにも感心する。

昔は一般的だった「火花を散らすおもちゃ」は、普通に使っている限りはヤケドの心配はまったくなかった。が、PL法施行によって風あたりが強くなり、さらに2010年の消費生活用製品安全法の改正で100円ライターまでが販売規制の対象になる世の中になって、かつての「スパークラー」は今では完全な「危険物」である

●スパークラー

発売年：1970年代　価格：100円前後

問合せ：ハイカラ横丁／03-3673-9627

吹き上げパイプ

商品名は知らないけれど、誰もがみんな知っている……という玩具の代表だ。パイプに息を吹き込んで、先っぽのカゴに入ったピンポン玉をできるだけ高く、なるべく長く、プカプカと宙に浮かせて遊ぶ。息の出し方に微妙な加減が必要で、長時間トライしているとだんだんイライラしてくるのが特徴の駄玩具だった。

これで思い出すのは……といってもどのくらいの人が覚えているかわからないが、七〇年代のなかばごろに「Ｈｉ－Ｃ」の景品として流通した「フーフーボール」というおもちゃ。構造は「吹き上げパイプ」と同じだが、ボールにフックがついていて、それをパイプに取りつけられたロボット人形の手にひっかける、というモノだった。抽選で当たるのか、「Ｈｉ－Ｃ」を何本か買うともらえるのかは忘れていたが、それなりに普及していて、周囲でちょっとしたブームになっていた覚えがある。当時のコカ・コーラボトラーズが提供する玩具はユニークで、「ラッセルヨーヨー」の印象が強すぎてかすんでしまっているが、「バンバンボール」なども傑作玩具だったと思う。

多数のカラーバリエーションがあり、かつてのものよりだいぶカラフル。今ではデパートの食堂などの「お子さまランチ」のオマケにも多用される。そういえば、これを自分で買ったという記憶はない。当時から、なにかのオマケやイベントの景品になることが多い玩具だったのかもしれない

●吹き上げパイプ

発売年：1970年代　価格：100円前後

問合せ：ハイカラ横丁／03-3673-9627

マジックびっくり魔法刀

「パッチンガム」（別項で紹介）同様、駄菓子屋のドッキリ玩具の代表。グサッと刺すとバネ仕掛けの刃がスルッと引っこむ、通称「びっくりナイフ」。もの心がついたころにはすでに定番商品で、男の子なら誰もが必ず一度は買ったアイテムだった。

基本的には人をおどかす玩具なのだが、「パッチンガム」をはじめとする駄菓子屋のドッキリ玩具の仕掛けなど、町内のすべての子どもがとっくに知っている、というより、みんな同じモノを持っているわけで、だまされるヤツなどいるわけがない。にもかかわらず、性懲りもなく各種ドッキリ玩具は売られつづけ、なぜかこっちも買いつづけた。好きだったのは「指ギロチン」。ハテナマークが描かれたブリキ製のギロチンで、穴に自分の指と糸を入れて、スパッとやる。刃に仕掛けがあり、指は無事だが糸はプッツリと切れてしまう。また、「これ見て！」と指にはめた指輪を自慢するフリをして、顔を近づけた人にピュッと水を発射する「指輪型水鉄砲」も懐かしい。カメラからゴムのネズミなどが飛び出す「ドッキリカメラ」なんてのもあった。

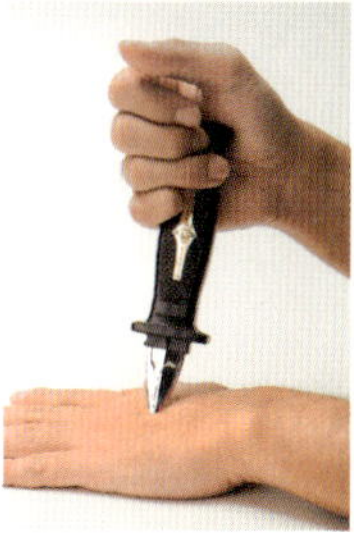

柄のカラーは黒のほかに赤、青、黄。現行品では改善されているようだが、昔の「びっくりナイフ」はバネが引っかかってしまい、刃が引っこまないことがときどきあった。引っこまないときの「びっくりナイフ」は本当に「びっくり」だった

●マジックびっくり魔法刀

発売年：1970年代　価格：100円
問合せ：岩崎文具株式会社（昭和レトロ倶楽部）／
http://retro-club.com

ドッキリ痛ガム

長らく駄菓子屋のドッキリ玩具として君臨してきた「パンチ・ガム」（昔はみんな「パッチンガム」と呼んでいた）が、とうとう大幅にリニューアルされてしまった。いや、商品自体の構造やデザインはたいして変わっていないのだが、商品名が「ドッキリ痛ガム」（この名称、どうなのか？）に変更され、なによりも七〇年代からずっと変わっていなかった印象的な台紙などが廃止されてしまったのである！　どうして四〇年も経過してから突如このようなテコ入れをしてしまったのかはわからないが、まぁ、メーカーにはメーカーの事情があるのだろう。「一枚どうぞ」「アッ！　いたい　これはパンチ・ガムだ」「いたずらをして　ごめんね」……という昭和っぽいやりとりがマンガで描かれていたあの台紙、僕ら世代には非常に懐かしいのだが。

これも「誰もドッキリしないドッキリ玩具」だったが、かなり成功率の高い方法もあった。「パンチ・ガム」を本物のガムのパッケージに仕込むのだ。まず自分が一枚、本物のガムを抜き取って食べてみせて、そのあとで「食べる？」とやるのが効果的。

左が変更された新パッケージ。中身にはほとんど変更がないのだが、かつてはメーカー名にロッテならぬ「ロッヂ」と表示されていた。現行品は無難な「JOKE」に変更されている。昔は針金の角度を調節してバネを強化する凶悪な改造も流行った

●ドッキリ痛ガム

発売年：1970年代　価格：120円
問合せ：岩崎文具株式会社(昭和レトロ倶楽部)／
http://retro-club.com

15パズル

いわゆる「数合わせパズル」。一六マスの枠の中で一五のチップを動かし、目的の形に数字を揃えていく。木製の本格的なモノなども昔からあるが、ここでは七〇年代から駄菓子屋などで売られていた「ＭＩＫＫＹ」ブランドの「15パズル」を紹介する。「生まれて初めて買ったパズルがこれ」という人も多いだろう。僕が購入したのもおそらく園児時代。「解く」などということはいっさい考えず、ただメチャクチャにチップをすべらせて遊んだだけだったと思う。数字以外にも「絵合わせ」も定番で、アニメの人気キャラなどが一五分割されたパズルをよく見かけた。

起源は古く、米国の伝説的なパズル作家、サム・ロイドが一八七八年に普及させたとされている（パズルそのものはそれ以前から存在していた）。彼は「15パズル」の「一四」と「一五」を入れ替え、これをもとに戻すという問題を公募形式で出題。一〇〇〇ドルの賞金をかけた。これによって欧米で爆発的ブームとなったらしいが、実はこの問題、「解法なし」。いくらがんばっても解けない問題だったのだそうだ。

この数字の「キラキラ感」が懐かしい。金色のフタも、チップに描かれた小さな星マークも昔のままだ。「スライディングブロックパズル」というのが、この種のパズルの正式名称らしい

●15パズル

発売年：1970年代　価格：250円

問合せ：岩崎文具株式会社（昭和レトロ倶楽部）／
http://retro-club.com

へんそうセット（鼻メガネ）

昨今、「鼻メガネ」は大型量販店などにある「パーティーグッズコーナー」（宴会好きのサラリーマン向け用品売り場。なぜか下品な感じの商品が多い）の定番だが、これはあくまでお子様仕様。よって「カトちゃん」的な宴会向け「鼻メガネ」ではなく、「変装」という言葉にふさわしく、ヒゲの形状も「謎の英国紳士」風なのである。

これを見ると、どうしてもセットで思い出してしまうのが「トンガリ帽子」。キラキラした厚紙製で、てっぺんにヒラヒラの紙テープがついたヤツ。このふたつは「高度成長期のクリスマス」の象徴だった。身近にそういう格好をする人がいたわけではなく、当時のマンガやドラマ、コントなどでクリスマスイブの夜の描写があると、必ず「鼻メガネ」＋「とんがり帽子」の酔っぱらいサラリーマンが、「ウィ～ッ」なんて言いながら千鳥足で登場した（お寿司の折り詰めなどを持っている）。こういう人が永井豪のマンガや『仮面ライダー』の冒頭に出てくると、暗闇から現れた怪人・妖怪・悪魔などにあっさり殺されてしまう、というのがお決まりのパターンである。

●へんそうセット(鼻メガネ)

発売年：1970年代　価格：100円

問合せ：岩崎文具株式会社(昭和レトロ倶楽部)／
http://retro-club.com

当時、各社から発売されていた「スパイセット」に「変装用具」として同梱されることもあった。メガネのない「ヒゲだけ」のシールなども定番だった。60年代のスパイブームの名残で、70年代っ子たちも変装に憧れたのである

とりあいコマ

本来、昭和の玩具の本に不可欠なのが「べーゴマ」。が、本書では掲載を見合わせた。何度か買ったことはあるものの、ちゃんと遊んだ記憶がないのである。一度も回したことがない、というか、回し方すら知らない。周囲の子どもたちも同じだった。布を張ったバケツを土俵にして子どもがべーゴマで遊んでいる光景は「懐かしの路地裏」の象徴だが、実際には目にしたことがない。これは世代の問題ではなく、どうも地域的な差異らしい。エリアによっては若い世代でもべーゴマ経験があるようだ。

で、この「とりあいコマ」、おそらく「べーゴマ」を回せない子どもたちにも「ケンカゴマ」を楽しんでもらおう、と開発されたモノではないかと思う。やたらと普及し、あちこちで目にした。お菓子のオマケにもなったが、「宝箱」と呼ばれる駄菓子屋クジの「ハズレ賞品」という印象が強い。厚紙製の箱にたくさんの番号が書かれたクジで、ひとつの番号を選び、その部分をビリッと破いて中の賞品をもらう。ハズレだとコマがふたつ。このコマを目にするたびに「またかぁ〜」と落胆したものだ。

「クジのハズレ」としてさんざん手にしていただけに、この形状はしっかりと目に焼きついている。ドリルのようなデザインは昔から変わらず、当時は勝手に「ドリルゴマ」なんて呼んでいた。側面の形状には角型、ギザギザ型などの種類があり、対戦の状況によって使い分ける

●とりあいコマ

発売年：1970年代　価格：100円
問合せ：岩崎文具株式会社(昭和レトロ倶楽部)／
http://retro-club.com

クラッカーボール（アメリカンクラッカー）

通称「アメリカンクラッカー」。「アメリカで大流行！」という触れこみで上陸し、一九七一年、あの「ママレンジ」で有名なアサヒ玩具より「カチカチボール」の名で発売された。当時、わずか四歳だったが、「カチカチ特訓」の日々は生々しく記憶に残っている。その後の「ラッセルヨーヨー」や「バンバンボール」（ラケットにゴムヒモでつながったボールを打つ。ヨーヨー同様、「コカ・コーラ」関連の商品）などの「要練習玩具」はひと通りこなせたが、この「カチカチ」は最後までダメだった。

特訓は親の前でやることに決めていて（成功を見届ける第三者の必要を感じていたのだと思う）、「またやるの？」などと言われつつ、まずは「カチ…カチ…」とスローなテンポで開始する。徐々に加速させ、最終的には支点となる手の上と下で「カチカチカチ！」と連打するのだが、これができない。なぜか加速に従ってパニック状態になり、動きがメチャクチャになってしまう。どうしても「上でぶつける」を習得できぬまま、結局、「ボールが破裂して失明事件発生」とのウワサが流れ、ブームは終了。

●クラッカーボール(アメリカンクラッカー)

発売年：1970年代　価格：200円
問合せ：岩崎文具株式会社(昭和レトロ倶楽部)／
http://retro-club.com

『ガッチャマン』最年少メンバー「燕(ツバクロ)の甚平」は、これを武器にしていた。ところで、この商品の「失明事件」、フラフープやホッピングの「内臓障害」など、当時の流行玩具にはブームに水を差すようなウワサ(?)がつきものだった。今考えると、かなりデマっぽい気がする

ラブメーター

これを覚えている人は少ないんじゃないかな?……と思っていたのだが、周囲に聞いてみると以外にも「懐かしい!」と目を輝かす人が多かった科学玩具。さまざまな形状のガラス管の中に色つきの液体が入っており、手で触れると内部の液体がまるで沸騰したようにブクブクと泡だち、管の上部へと移動していく不思議なおもちゃだ。

僕がこれと最初に出会ったのは小学校一年生のころだった。当時、代官山に大使館の子どもたち向けの「外人専用駄菓子屋」(いわゆるキャンディショップ)があって、そこで売られてるのを見て「なんじゃ、こりゃ?」と驚いた。それからしばらくすると、同じ構造の商品が普通の駄菓子屋にも出まわるようになり、一種の「ドッキリ玩具」として流行した。現在は「ラブメーター」として売られているが、当時、少なくとも僕の周囲では「嘘発見器」の名称で売られていた。例えば友人に「お前、ミカのことが好きだろ?」などと聞いて、「嫌いだよ!」と言われたらこれを握らせる。「嘘をつくと、中の液体が泡立つんだぜ」と相手をビビらせて楽しむのである。

構造や仕組みは別項で紹介している「水飲み鳥」とまったく同じ。「水飲み鳥」から顔と足と羽根を取り外すと「ラブメーター」になってしまう。写真の「らせん」型のほか、「無限(∞)」「渦巻き」「ハート」の形をしたタイプがあり、中の液体は赤、青、緑の3種類

●ラブメーター

発売年：1970年代　価格：700円

問合せ：有限会社太郎と花子／0985-23-7706

バランスボール

七〇年代後半から八〇年代初頭にかけて、どういうわけだかこの「バランスボール」（一般的には「衝突球」）など、ちょっと科学実験ツールっぽいインテリア雑貨が妙に流行した。金属製の複雑なモビールとか、メタリックな針金人間(?)がシーソーをしていたり、自転車に乗っているところをモチーフにした「やじろべえ」的なモノとか。あと、一時期復刻されて話題になったが、映画『家族ゲーム』に登場してブームになったバンダイの「スペースワープ」(金属球が複雑なレールの上を転がっていく)なども同種の商品だ。無機質で「サイエンス」な感じがクールで、あの時代のスノッブな空気と妙にマッチしたのだろう。この種の雑貨は今はなき「王様のアイディア」の看板商品で、当時は各店舗にこういうモノを集めたコーナーができていた。

雑貨としての「衝突球」の歴史は古く、六〇年代後半から欧米ではインテリアのひとつとして一般的だったそうだ。「ニュートンのゆりかご」という商品名で、一九六七年に英国のデパート「ハロッズ」で売りだされたものが元祖とされているらしい。

もともとはインテリアとしてではなく、エネルギー保存の法則を可視化する実験用具として考案された。本格的なモノは数万円もするが、ここで紹介するのは玩具として売られる安価なタイプ。しかし、もちろんちゃんとあの独特のアクションは充分に楽しめる。映画『パシフィック・リム』にも非常に印象的な形で登場したので、あれを見て「ほしい！」と思った人も多いのでは？

●バランスボール

発売年：1970年代　価格：1200円

問合せ：有限会社太郎と花子／0985-23-7706

スロットゲーム

大阪の老舗玩具メーカー、イケギが七〇年代から同じデザイン、同じ金型で製造を続けているミニゲーム。資料が残っていないので明確な発売年は不明なのだが、おそらく七〇年代なかば、あるいはそれ以前から存在しているロングセラー商品だ。

七〇年代の駄菓子屋には、トミー「ポケットメイト」の元祖のようなアナログミニゲームが常に数種類売られていた。ほとんどが金属球を弾くパチンコ系のもの、あるいは台を傾けて金属球を転がして遊ぶ迷路系のゲーム。それらに比べてダントツに安価だったのが、この小さなスロットゲームである。独特の構造やデザインに見覚えのある人も多いと思う。ふたつの数字を示すだけのマシンなので、遊び方にルールはない。当時の子どもたちの多くは、主にサイコロの代わりに用いていた。数字と数字の「間」で止まってしまい、協議になった末に「じゃあ、ノーカンにしよう」なんてことになるのも味わいのうちだ。これで思い出すのが、バンダイの「あそべっち」。このゲームをそのまま腕時計型にした商品で、ほんの一瞬だったが大ブームになった。

これ以上ないほどシンプルなゲームなのだが、当時の子どもは「数字の合計が多いほうが勝ち」としてジャンケンの代わりに用いたり、スゴロクのサイコロの代わりにしたり、「チンチロリン」的なギャンブル（賭けるのはお菓子です！）をして遊んだ

●スロットゲーム

発売年：1970年代　価格：30円

問合せ：株式会社イケギ玩具制作所／06-6791-3838

パンチファイター

バンダイから七〇年代の前半ごろに発売された商品。空気でふくらませる高さ一メートルほどの「おきあがりこぼし」で、いわば子ども用のサンドバッグ。怪獣などの「ワルモノ」に見立てて、パンチやキックを繰り出して遊ぶ玩具だ。

これ、個人的には「積年の謎」に包まれた商品である。僕は発売当時に購入して夢中になって遊んだクチなのだが、ほとんど同時期に、タカラからは「パンチキック」（七一年の発売だったらしい）、ブルマァクから「パンチング」という商品が出ていた。自分が持っていたのがどれなのか、はっきりしないのである。キャラクターは確か『あしたのジョー』だったと思うのだが、これもうろ覚えであまり自信がない。

この「パンチファイター」は、「空ビ玩具」（空気でふくらませるビニール製玩具）を手がけていた近隣の工場（現・国新産業）に、バンダイの商品開発担当者が「キャラクター商品で展開してみよう」と声をかけたのが開発のきっかけ。初期のラインナップは『タイガーマスク』『鉄人28号』『怪物くん』などだったそうだ。

©2014 テレビ朝日・東映AG・東映

●パンチファイター
（烈車戦隊トッキュウジャー）

発売年：1970年代（2014年）　価格：2400円
問合せ：株式会社バンダイ／0570-041-101

この商品は放映開始から最短2カ月で市場に出せる強みがあり、売り場では子どもたちの注目を集めた。現在も「スーパー戦隊」「仮面ライダー」「ウルトラマン」などの各人気シリーズで展開中。右の写真は『ウルトラマンギンガ』のバージョン（2400円）

©円谷プロ

宇宙人マスク

その昔、少年マンガ雑誌には、なぜか必ずゴム製ホラーマスクの通販広告が掲載されていた。確か「ハリウッドマスク」というブランド名だったと思うが、フランケンシュタイン、オオカミ男、半魚人などの顔が、粗すぎてよく見えない白黒写真で並んでいて、なんともあやしい雰囲気を漂わせていた。ブームというわけでなかったが、この種のマスクを集めている子は多く、僕もホラーマスクの老舗、オガワスタジオの「宇宙人マスク」を持っていた。UFOブームの七〇年代から変わらぬ定番商品だ。

現在、こういうゴム製マスクは「バラエティーグッズ」「パーティーグッズ」として、主に笑いをとるためのアイテムとして販売されているようだ。が、オカルトブーム全盛時は、あくまでグロテスクでホラーなものが主流。ジョークグッズというより、マニアのためのコレクションアイテムだったと思う。先述したハマー社製の怪奇映画の主役たち以外にも、リアルなドクロ、お岩さん的な和風の幽霊、また『猿の惑星』をヒントにしたと思われる恐ろしい形相のサルなどがポピュラーだった。

不明(1970年代?)

発売年は「古すぎてわからない」とのことだが、すでに70年代なかばには販売されていたはず。同社はゴム製ホラーマスクを古くから手がけているが、この一般向け(?)の安価な商品のほかにも、マニア御用達のリアルな「エイリアン」のマスク(というよりほとんどオブジェ)なども製造している

●宇宙人マスク

発売年：不明(1970年代?)　価格：2000円
問合せ：株式会社オガワスタジオ／048-641-4735

糸電話

もっとも古典的な「携帯電話」である。昔から学習教材、竹製の民芸品（まだある）、そして、この商品のような駄玩具としての糸電話が売られていたが、不思議なのは、昔も今もおもちゃとしての糸電話が必ず「女の子仕様」になっていること。かつての「携帯電話文化」が女子高生によって築かれたように、こうしたコミュニケーションツール（？）に関心を持つのは女の子、という傾向が当時からあったのだろうか？

糸電話をつくった、というか、つくらされた体験は我々世代なら誰でも持っているだろう。紙コップでつくるのが一番簡単なのだが、僕が幼稚園でやらされたのは色画用紙と折り紙を使った工作。コップの底にあたる振動板をつくるため、折り紙を歯車の形に切り抜く（歯がのりしろになる）。これがめんどくさいうえに、何度やってもうまくいかず、すきまだらけのまま完成ということにしてしまった。その後、みんなで輪になって糸電話の伝言リレーをしたところ、僕の電話だけひどく聞こえが悪かったらしい。隣の女の子が「え？　なに？　よく聞こえないっ！」と慌てていた。

●糸電話

発売年：不明(1970年代？)　価格：販売店によって異なる
問合せ：メーカー不明

メーカー不明で詳細もよくわからない。昔から駄玩具の糸電話はこうした「京都友禅」みたいなデザインを採用していた。問屋さんによれば、現在では国内需要より、旅行客の外人さんがおみやげに購入するケースのほうが多いのだとか。和風デザインがもの珍しいらしい

水鉄砲

九〇年あたりからだろうか、高機能水鉄砲みたいなものがちょっとしたブームとなり、「ウォーターガン」などと称する商品が続々と登場した。一様にカラフルになり、流線形のポップなデザインを採用、そしてとにかく巨大化した。なかには空気圧で水を遠距離発射できるポンプつきのマシンガン、いやバズーカ砲のようなモノまで出てきて、「水鉄砲がそこまで進化する必要があるのだろうか?」という気にさせられた。

で、久々にこういう水鉄砲を見ると安心する。本体に固定されたペラペラのフタをペコンとはずし、水道でジャーッと水を入れる古典的水鉄砲だ。公園などで行う水鉄砲の銃撃戦は、銀玉鉄砲のバトルとはまた違った風情があった。いかにも「夏の遊び」という感じで、服をビショビショにしながら楽しんだのを思い出す。ただ、水鉄砲での撃ち合いは、最終的に誰かひとりをみんなで集中攻撃するという展開になりがちだった。銀玉鉄砲だとこういうことは起こらないのだが、水鉄砲を握った子どもたちは、ついつい「誰かをズブ濡れにしてやりたい」という欲望に駆られるらしい。

この蛍光色こそが水鉄砲。かつてはたいていワルサーP38、もしくはコルトガバメントだったと思うが、この銃は刻印を見ると「SMITH&WESSON」。『刑事スタスキー&ハッチ』で人気になったM59、もしくは『マイアミ・バイス』のM645、という感じ？　よく見ると、けっこうディテールが細かい

●水鉄砲

発売年：不明（1970年代？）
価格：150円前後（販売店によって異なる）
問合せ：メーカー不明

ルービックキューブ

七〇年代、ツクダオリジナル（現在はメガハウスに事業を譲渡）は、見たこともないようなおもちゃを連発するユニークなメーカーだった。ケッタイなモノはたいていツクダ製だった記憶がある。なかでも小学生時代の僕がもっとも愛着を持っていたのは、「ミスターX」なるプロレスラー人形。特殊なゴムの皮膚の中にグニャグニャしたペーストを詰めた身長四〇センチくらいのゴム人形で、手足をビヨ〜ンと引っぱるといくらでも伸びる。姉妹品に緑色の宇宙人「アンドロ星人」ってのもあった。

また、ツクダは社会現象を引き起こすほどのヒット商品を量産したメーカーでもあり、その代表が「オセロゲーム」「スライム」（別項で紹介）、そして、この「ルービックキューブ」だ。開発したのはハンガリーの数学者、エルノー・ルービック氏。国内発売時には「天才ちびっ子」の超絶テクを紹介するテレビ番組が連日放映されたり、無数のバッタモンが出まわったり、例によって「ガチャガチャ」のネタになったりと、かなりの大騒ぎだった。現在でも世界各国に愛好者が多い。

2013年にリニューアル。内部構造が進化し、カチャカチャ回しているうちにキューブがはずれちゃう……ということがなくなった。また、かつては使っているうちにキューブの色のシールがはがれてくる難点があったが、現行品はキューブ自体が着色されているので耐久性もアップ

●ルービックキューブver2.0

発売年：1980年　価格：2200円

問合せ：株式会社メガハウス／04-7146-0651

ゲームロボット50

一九八一年に発売された「ゲームロボット九」の進化系バージョン。オリジナルの発売元は往年の玩具メーカー、タカトクトイスだ。「生き残りゲーム」や元祖エアガンの「ＳＳシリーズ」を生み出したメーカーである。「ゲームロボット九」は画期的な商品だったし、かなりのヒットにもなったが、なにしろそのすぐ後にコンピューターゲームの「大進化時代」が到来したため、ついつい忘れてしまいがちの玩具だった。

そこに目をつけたのが老舗のハナヤマ。少年時代に「ゲームロボット九」でさんざん遊んだ、という担当者が発案し、二〇〇五年にリニューアル復刻版の「ゲームロボット21」を発売。それをさらにパワーアップし、今回の「50」が誕生した。うれしいのは、外観があの印象的な「九」のデザインを踏襲したものなっていること。「ハイテク玩具は思い出に残りにくい。デジタル世代はかわいそう」なんていう人もいるが、もちろんそんなことはない。我々世代がＬＳＩゲームを懐かしむように、今の子どもたちも最新のテクノロジーを随時「郷愁」に変えながら大人になるのである。

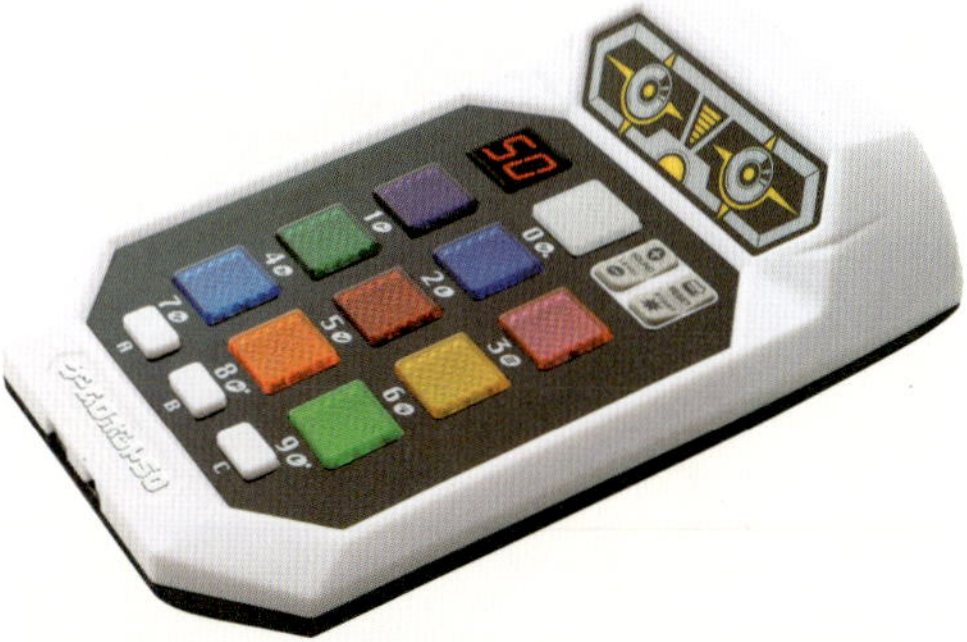

点滅する10個のボタンを使った50種類のゲームが楽しめる。音と光で遊ぶゲームなので、プレイ中はかなりにぎやか。作曲や演奏などの音楽系ゲームのほか、記憶力、判断力、計算力を試されるさまざまなゲームが追加された。左の写真はスマホっぽい形態の「ゲームロボット25」(2980円)

●ゲームロボット50

発売年：1981年(2013年)　価格：3980円

問合せ：株式会社ハナヤマ／0120-910-922

シルバニアファミリー

「もともとは輸入玩具?・」という印象もあるが、れっきとした日本産の玩具。欧米のドールハウスを日本にも広めようと、親しみやすい動物キャラで展開したのが「シルバニアファミリー」だ。発売当初は「舞台は北アメリカ」という設定で、アーリーアメリカン調のハウスや家具で展開された（現在は特に国を限定していない）。九〇年代に入ってからは各国に輸出され、ドールハウスの本場でも親しまれている。

この種の「人形＋大量の備品類」で構成される玩具は、「ミクロマン」「こえだちゃん」の旧タカラが昔から得意とするところ。が「シルバニア」はドールハウスの伝統を踏まえているだけあり、どこか上品。「さあ、どんどん集めなさいっ」みたいな雰囲気があまり感じられない。最大の特徴はキャラが「名なし」であること。こういう玩具には詳細なキャラ設定や世界観の定義がつきもので、その関連で「Aを買ったらBもCも買わないと遊びが成立しない」みたいになりがちだが、「シルバニア」の場合、ある程度は子どもの「勝手」な遊び方が許されているのである。

家と人形、基本の家具が揃う入門セット。２階の床は取り外しができ、組み替えることで「お庭」や「駐車場」をつくることができる。別売りの家やお店と連結したり、「ファミリーワゴン」に家具をのせてキャンピングカーにしたりと、さまざまなレイアウトが楽しめる

●シルバニアファミリー（はじめてのシルバニアファミリー）
発売年：1985年（2005年）　価格：3600円
問合せ：株式会社エポック社／029-862-5789

カラーブーメラン

園児時代から小学校の低学年くらいまで、いったい何本の「駄菓子屋ブーメラン」を買っただろう？　「今度のヤツは戻ってきてくれそうだ」というはかない希望を抱きつづけ、新製品が出るたびにコンクリートでこすれてザラザラになるまで投げまくった。得たものは結局、「ブーメランは戻ってこない」という悲しい確信だけだった。いや、本当は、どのブーメランも戻ってくるのだ。V字型に切り抜いた段ボールでさえ、正しく投げれば大きな円を描いて戻ってくる。ブーメランとはそういうモノだ。が、園児時代、ブーメランといえば『海底少年マリン』の「♪敵をけちらすブーメラン」。シュパッと投げると直線的に飛び、直線的に戻ってくる。それをサッとキャッチして「ブーメラン入れ」にすばやくしまう（「マリン」は専用ホルダーを腕につけていた）。あれこそが「僕らのブーメラン」だった。「ありそうもないことだなぁ」とうすうす感じてはいたが、それでもいつか「本物のブーメラン」とめぐり会えることを夢見て、いっこうに戻ってこないブーメランを買いつづけたのである。

80年代の発売だが、昔ながらの「駄菓子屋ブーメラン」の典型的スタイル。変形タイプが主流となった今、この基本のV字型は貴重。70年代、この種の安価な商品のほか、ちょっと値の張る「白ブーメラン」（真っ白で持ち手のところが赤）とか、「S字ブーメラン」（S字型で真っ赤）などが人気を呼んでいた

●カラーブーメラン

発売年：1980年代なかば　価格：105円

問合せ：有限会社浅野製作所／電話番号非掲載

元祖ぐらぐらゲーム

八〇年代からロングセラーを続けるユニークなアナログゲーム。類似商品もいろいろ出たが、元祖は「ダイヤブロック」のカワダだ。ピサの斜塔のような不安定なタワーの上に、サイコロの指示に従ってプレイヤーが交互に人形を置く。タワーを揺らして人形を落としてしまったら、落とした人が引き取る。これを続けていき、最初に手持ちの人形をすべて置き終わった人の勝ち、という単純明快なゲームである。

一九八〇年に放映が開始されたテレビ番組『三枝の爆笑美女対談』に登場、一躍人気商品となった。桂三枝がゲストの「美女」とこのゲームで対戦し、「美女」が負けると三枝にキスをしなければならない、といったコーナーだったらしい。同じく、この番組で知名度を上げたのがエポック社の「ドンケツゲーム」(最近まで復刻版があったが、残念ながら製造終了)。人形がお尻をぶつけあうアレだ。八〇年代にはこうしたアナログゲームがよくテレビ番組に登場し、同じくエポック社の「ポカポンゲーム」(人形がハンマーで頭をたたきあう。こちらも製造終了) などもよく用いられた。

てっぺんに「アンバランサー」(球体の重り)が入っているのがポイント。不用意に人形を置くとガラガラガシャンッ！とタワーが倒壊する。小さな子どもにも楽しめるシンプルなルールは、大人がやっても結構スリリング。かつては高さ60センチを超える「ジャンボぐらぐら」なども販売されていた

●元祖ぐらぐらゲーム

発売年：1986年　価格：1980円

問合せ：株式会社カワダ／03-3209-8770

こぐまのトンピー

笛を吹き、太鼓を打ち鳴らす黄色いクマの「電動ぬいぐるみ」。製造元のイワヤによれば、同社の太鼓をたたく動物玩具の初登場は一九八八年とのこと。が、この黄色いクマ、確かに子ども時代にも出会った覚えがある。このクマの「先祖」にあたる商品が存在するはずなのだが……。かつて、同社製品の販売はアルプスという会社が行っていたので、どうもそのあたりで資料が途切れてしまっているのではないかと思う。

モニターを介して楽しむゲーム類が玩具の主流となった現在、物理的に「動くおもちゃ」は少なくなってしまった。子どもにとって「動くおもちゃ」は生きものみたいで感情移入しやすく、その半面、ときに不気味に思えることもある。その昔、確か『ウルトラセブン』だったと思うのだが、閉店後のデパートの無人の店内で、おもちゃ売り場の人形やぬいぐるみが不気味に動きはじめる、という話があって、ギョッとするほど怖かった。いつもはおもちゃを「出しっぱなし」にする子どもだったくせに、その夜は寝る前にすべての電動玩具をおもちゃ箱にしまいこんだことを覚えている。

現行品の発売は1997年。太鼓をたたく玩具は、イワヤの製品としては1988年に発売された「ブランコうさちゃん」(ブランコに乗りながら太鼓をたたくウサギ)が初とされている。当時は吊り下げ型の「電動ぬいぐるみ」が好まれ、同社も近年まで「ブランコモンキー」などの商品を販売していた

●こぐまのトンピー

発売年：1988年(1997年)　価格：3000円

問合せ：イワヤ株式会社／03-3889-6115

小便小僧（プラモデル）

変なプラモデルが好きだった僕が小学生時代にもっとも熱心に集めたのは、当時各社から出ていた「妖怪もの」。『ゲゲゲの鬼太郎』『ドロロンえん魔くん』関連が定番だったが、著作権フリーの古典的妖怪&幽霊のプラモも多かった。好きだったのは日東科学のシリーズだ。また、強烈に記憶に残っているのはマルイの「生首」。夜光塗料でボーッと光るザンバラ髪の落ち武者の生首が電池で走る、というモノで、母親から「そんなモノをつくるのはやめなさいっ！」と怒られた思い出がある。

クラウンモデルもかつては「お化けシリーズ」（「ひとつ目小僧」「オバケ傘」「ろくろっ首」）を出していて、これもすべて制覇した。一〇個程度の部品をパチパチとくっつければ完成、というのも僕のような「下手の横好き」にはありがたかった。で、ここで紹介するのは、そのクラウンモデル製の「小便小僧」。七〇年代から「小便小僧」プラモは「変プラ」の代表で、かつては複数のメーカーが出していたと思う。残念ながら当時のモノは全滅してしまったようで、これはかなり後発の商品。

●小便小僧(プラモデル)

発売年：1980年代　価格：3500円
問合せ：株式会社クラウンモデル／
048-952-0235

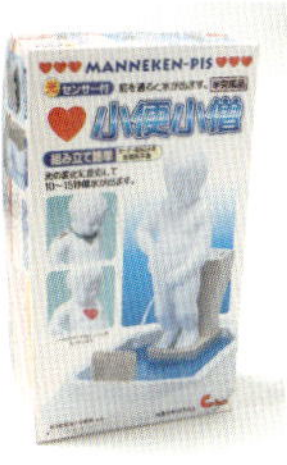

光センサーを搭載し、人が前を横切ると水が出る。箱に「組み立て簡単」とあるが、もともと苦手なうえ、数十年ぶりのプラモ製作に悪戦苦闘してしまった。クラウンは数年前まで昭和「変プラ」の代表「人体模型」も製造していたのだが、残念ながら現在は製造を中止している

ペーパーローリング

「エピソード1」以降の『スター・ウォーズ』を映画館に見にいって「あれ？」と思ったのは、子どもの観客の少なさである。一九七七年の第一作公開時、上映前の館内には始業前の教室みたいにワイワイガヤガヤとガキどもの声が満ちていたはずだ。かつての『スター・ウォーズ』は「大きいお友だち」専用映画ではなく、子どもたちがこぞって見にゆくお祭り騒ぎ的な「ガキ映画」でもあった。当時は配給会社もちゃんと子どもを考慮した宣伝をしていたが、これが「少子化」というものなのか？

『スター・ウォーズ』で思い出すのが、この「ペーパーローリング」。「カメレオンアーミー」などとも呼ばれ、縁日などでよく見かけた駄玩具だ。棒を持って振ると、巻紙がシュルシュルッと前方に伸びる。ただそれだけ。だが、『スター・ウォーズ』がブームになった時期、我々はこれを「ライトセーバー」代わりにして遊んだ。ヘロヘロの巻紙と「光の剣」ではだいぶ違うが、そこは想像力でカバー。縁日の帰り、神社の境内の暗がりでは「フォース」を駆使した「ライトセーバー」戦が展開された。

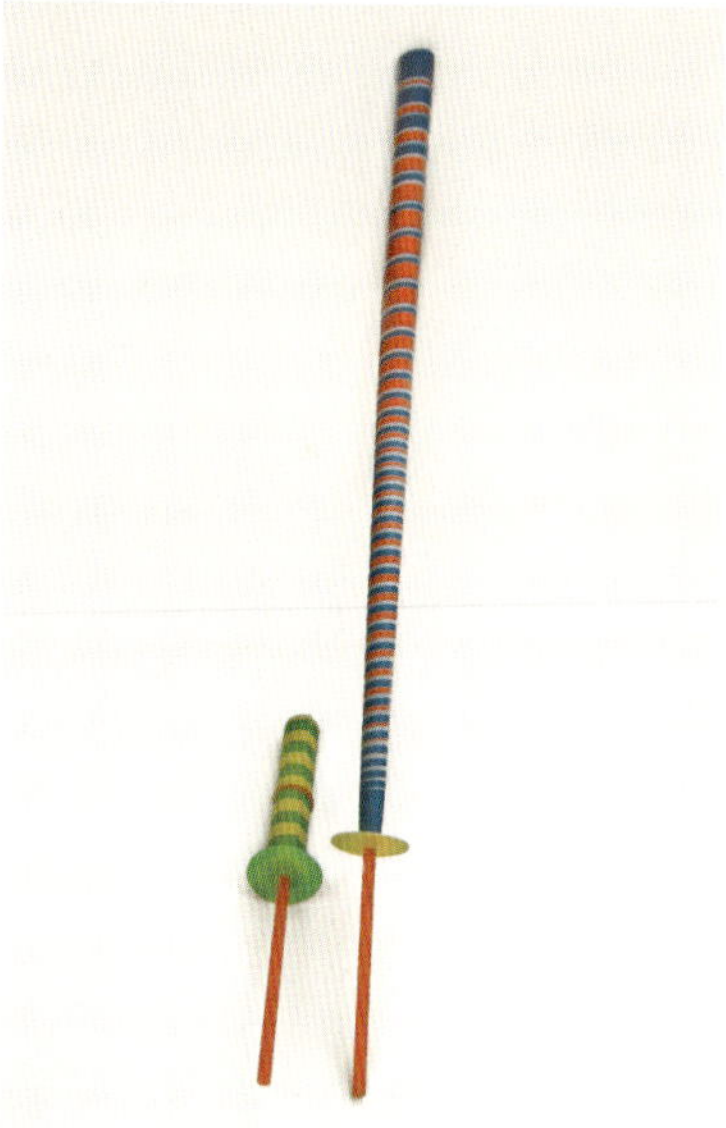

●ペーパーローリング

発売年：1980年代　価格：50円

問合せ：株式会社宝作堂／0586-64-9551

「ライトセーバー」ごっこは一般的だったようで、持ち手がちゃんと剣の柄のようになっているモノも出まわった。別名の「カメレオンアーミー」は、ピンク・レディーが1978年にリリースした同名曲からとられたのだろう。これ、個人的な印象では「ピンク・レディーの終焉」を感じさせる曲だった

ダッシュレーシングカー

これまたイケギ製の超懐かしいレトロ駄玩具だ。同世代男子なら、一度は同種のおもちゃで遊んだことがあるはず。ゴム動力のスターターというか、ブースターにプラ製のミニカーをセットし、スイッチを押して勢いよく発車させる。いわばパチンコをミニカー遊びに応用したようなもので、七〇年代当時はこの仕組みを採用したクルマや飛行機の玩具は多かった。幼少期によく見かけた商品は、クルマがホンダRA272のような古典的フォーミュラカー。当時、おもちゃのレーシングカーといえばだいたいこの蚊トンボみたいなスタイルで、これが変化していくのが七七年のスーパーカーブームのころ。八〇年代製のこの商品も、いかにもスーパーカー然としている。

この商品には、遊び方についての説明がいっさい記されていない。我々世代にとっては「説明不要」の商品なのである。が、ゴム動力玩具に慣れていない平成っ子たちは、おそらく輪ゴムのセットすらできないだろう。説明書をつけたほうがいいかも……とも思うが、いや、それも野暮だろう。わからなかったらお父さんに聞こう！

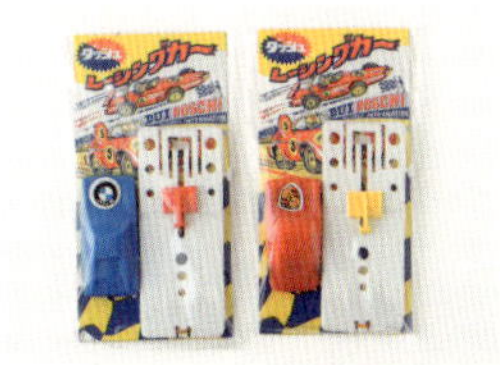

商品名に「ダッシュ」とあるとおり、本当にビックリするほどの加速で「ダッシュ」する。コースをつくってジャンプをさせたり、スーパーカー消しゴムレースのように複数でラップを競うのも楽しそう。それにしても、この価格の安さには目を見はってしまう

●ダッシュレーシングカー

発売年：1980年代　価格：40円

問合せ：問合せ：株式会社イケギ玩具制作所／06-6791-3838

木のぼりモンキー

これも我々世代には懐かしい構造の駄玩具である。子ども時代にはさまざまなデザインのモノが販売されていたが、ルーツは宮崎県の民芸玩具「のぼり猿」というものらしい。竹ひごにサルの人形がつかまっていて、竹ひご先端の旗（というか帆？）が風を受けるとヒゴがユラユラと揺れ、それに従ってサルの人形が上下に動く……というもの。また、三重県にも「弾き猿」という民芸玩具があり、こちらは多くの人が一度は目にしていると思う。やはり棒につかまっているサルの人形のおもちゃだが、この人形をクニャッと曲げた竹製の部品でパチリと弾き、上に登らせて遊ぶ。三重県以外でも、観光地のおみやげ品として多く出まわっていた。丸めた布に紙を巻きつけただけのサル人形が特徴で、子ども時代は「これがサルなの？」と首を傾げたものだ。

この「木のぼりモンキー」は現代版の「弾き猿」。当時、この構造は駄玩具にも応用され、さまざまなメーカーがいろいろな商品をつくっていた。やはりモチーフはサルが多かったが、子ども時代はコアラやパンダが木に登るタイプもよく目にした。

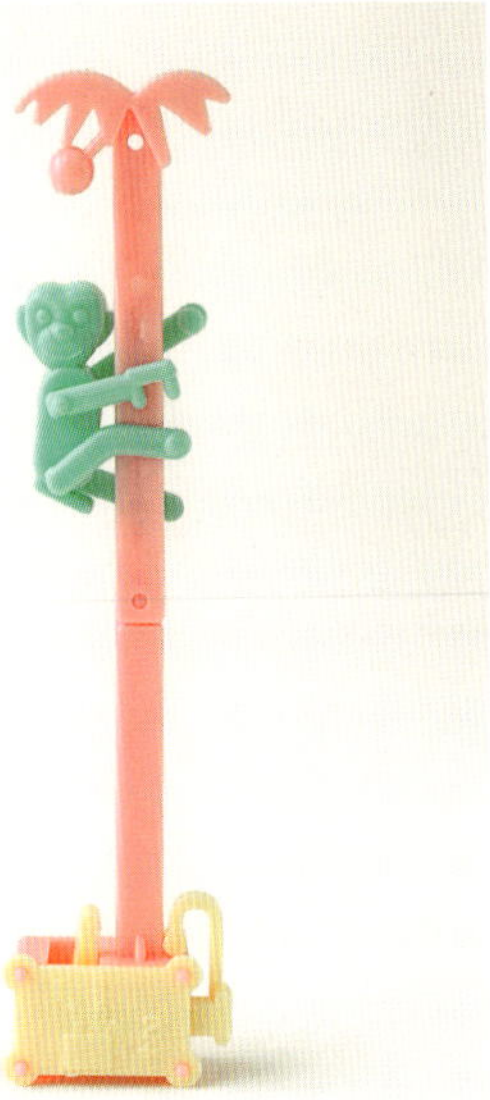

●木のぼりモンキー

発売年：1980年代　価格：50円
問合せ：株式会社イケギ玩具制作所／
06-6791-3838

根元のスイッチをセットしてからサルをスタート位置に設置。その状態でスイッチを押し込むとポン！とサルが飛びあがり、一瞬でヤシの木のてっぺんまで登ってしまう。サルのアクションを楽しむだけの一発芸的な商品だが、ユーモラスでカワイイおもちゃだ

ビュンビュンホイル

これも昭和の駄玩具の定番である。ヨーヨーのようなものの両側から伸びたヒモを両手に持ち、まずはクルクルと回転させてヒモにねじりを加える。充分にねじったら、ヒモをギューッと引っぱる。すると、中央のヨーヨーがブーンと唸《うな》りをあげながら、ものすごい勢いで回転をはじめる、というおもちゃ。このイケギの商品のようにパーツに笛が仕込んであり、回転とともにヒュ～と音を立てるギミックつきも多かった。

園児時代、この種の駄玩具がなぜか大好きだった。僕が一番最初に買ったのは、単なる洋服のボタンをそのまま大きくしたようなプラスチック板に糸を通しただけのタイプ。表面に『仮面ライダー』の怪人のシールが貼ってあるのが魅力で、集めまくったのを覚えている。また、七〇年代後半ごろ、マクドナルドがパイナップリ入りバーガーを発売したとき、輪切りパイナップルをモチーフにした同種の玩具を配布したことがあった。これは笛の性能がよくて、ピーピーといい音で鳴った。が、パイナップルバーガーはめちゃめちゃ評判が悪く、あっという間に販売中止になってしまった。

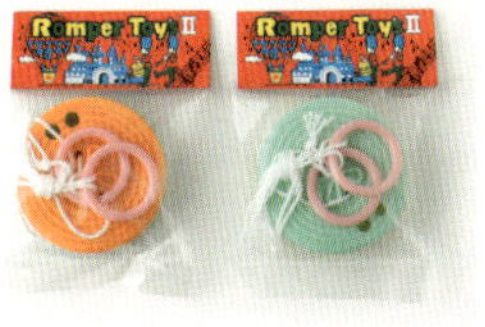

上手に回転を調節するとヒュ〜という独特の音が楽しめる。昔の商品は糸がチャチで、回している最中によく切れた。外れた円盤があごなどに当たると死ぬほど痛かったのを覚えている。この商品はしっかりとした太い糸を使用しているので、そうした惨事が起こる心配はない

●ビュンビュンホイル

発売年：1980年代　価格：40円

問合せ：株式会社イケギ玩具制作所／06-6791-3838

スカイキャッチボール

これは憧れの玩具だった。おそらく元祖の商品が存在し、テレビCMも流れていたはずなのだが、名称などの記憶がまったくない。とにかく、「カマキリのカマ」みたいなモノでボールを投げ合う男女の映像をテレビで見て、どうしてあんな変な形のモノでボールを投げたり捕ったりできるのか？　というのが不思議でたまらず、「試してみたいっ！」と強く思ったことを覚えている。その後、公園の売店などでも同種のモノが並ぶようになった。家族で公園に出かけるたびにねだってみたが、いつも「あんなかさばるモノ、ダメ！」と言われてしまう。しかたなく、相変わらずのバドミントン、フリスビー、マジックテープつきのボールを特製手袋でキャッチするヤツ（名称不明）などで遊んだ。結局、この年になるまで未体験のままだったのだ。

ついに念願かなって、本書の商品撮影中に初めて実際に試してみることができた……のだが、慌ただしい撮影の合間に、狭い社内の端っこで一メートルしか離れていないカメラマンとボールを投げ合ってみても、おもしろさはさっぱりわからなかった。

この商品は1995年の発売だが、どうしても商品名やメーカーが思い出せない元祖の商品は、おそらく70年代後半くらいに発売されたモノだと思う。ボディーは確か黒で、かなりスタイリッシュ。子ども向けというよりは若者向けという感じだったと思う。輸入品だった、という記憶もあるのだが……

●スカイキャッチボール

発売年：1995年　価格：840円

問合せ：株式会社池田工業社／0120-650078

空飛ぶウルトラマン

プレックスというバンダイグループのメーカーから一九九七年に発売された玩具。復刻商品でもなんでもなく、あくまで当時の「新商品」なのだが、同世代であれば誰もがこれを見て「懐かしいっ！」と思うに違いない。写真だけでは少々わかりにくいのだが、飛行ポーズの「ウルトラマン」人形を天井からヒモで吊るし、スイッチを入れるとクルクルと旋回しつづける、という玩具である。そう、僕らの幼少期、人気の定番玩具としておもちゃ屋さんの店先で目立ちまくっていたアレ（この種の玩具を総称としてなんと呼ぶのか知らないけど）と、ほぼ同じものなのである。

これを見ると七〇年代のデパートのおもちゃ売り場を思い出す。当時のデパートのおもちゃ売り場の天井には、さまざまなものが吊るされ、にぎやかに回転していた。「ウルトラマン」「ウルトラセブン」などはもちろん、「鉄腕アトム」「レインボーマン」や各種巨大ロボットなどのキャラから、ボーイングなどの飛行機、ロケット、鳥や虫もあったと思う。そう、虫といえば「みなしごハッチ」のバージョンもあった。

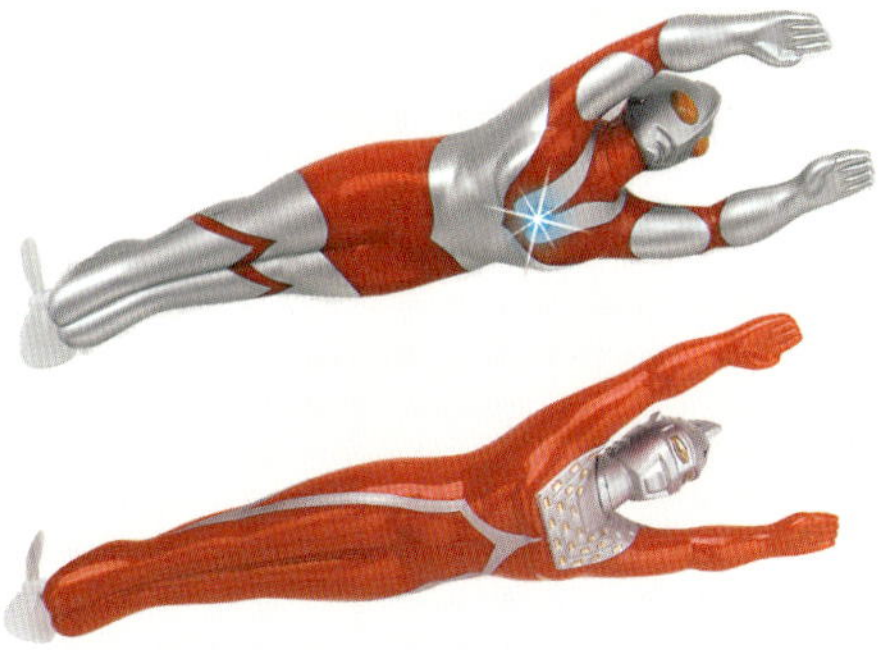

フィギュアの造形の感じまでが当時のタッチで、やはり僕ら世代には非常に懐かしい。かつての商品はポピーから出ていたような気もするが、同じバンダイグループということで、当時の血を受け継いでいるのだろうか？「ウルトラマン」のほうはスイッチをONにするとカラータイマーが点灯する。写真下は「空飛ぶウルトラセブン」(1900円)

●空飛ぶウルトラマン

発売年：1997年　価格：各1900円

問合せ：株式会社丸影(販売代理店)／03-3965-1666
(発売元は株式会社プレックス)

はしごおとし

こちらも懐かしい民芸玩具をヒントにしたイケギのポケット玩具のひとつ。ルーツは「はしご落とし」とか「はしごだるま」などと呼ばれる木のおもちゃで、やはり子ども時代はよくおみやげ品として売られているのを見かけた。ダルマ、もしくは単に色のついた木片をはしごのテッペンに置いて、そっと手を離すと、クルックルッと不思議な回転をしながら下に降りていく。これも昔はよくプラ製駄玩具に応用され、さまざまな商品が売られていた。ダルマの代わりに『仮面ライダー』や『ウルトラマン』などの人気キャラのイラストが描かれたプラスチック片を用いるものが多く、はしごが二列になっていて、友達とレース遊びができるタイプも多かった。

地味なルックスの玩具なのだが、さすがは老舗イケギ。添付のシールをパーツの両面に貼ると、回転しながら落ちていくときに、動物キャラクターの表情や仕草がパラパラマンガのように変化する様子を楽しめるのである。ちょっとしたおもちゃにも、ちょっとしたひと工夫。こういうなにげないギミックが駄玩具の味わいだと思う。

●はしごおとし

発売年：1990年代　価格：50円

問合せ：株式会社イケギ玩具制作所／
06-6791-3838

テーブルなどの上に立たせて楽しむタイプがかつての主流だったと思うが、これは根元の丸い部分を指でつまんで遊ぶ。また、昔の商品はミスるとパーツがポロリとはしごから落ちてしまった。この商品ははしごの間隔とパーツの大きさが調節されていて、脱落しないように設計されている

パチンコゲーム

駄菓子屋で売られる小さなアナログゲームを七〇年代からつくりつづけてきたイケギは、現在でも我々世代が親しんだタイプの各種ミニゲームを製造しつづけている。鉛筆キャップのようなピンを小さなボールで倒して遊ぶ「ボウリングゲーム」、手のひらにすっぽり収まってしまう超小型の「スロットマシン」、小さなボールをケース内のくぼみにうまくハメていく「フルーツボールゲーム」なども非常に懐かしいが、しかし、やはり駄菓子屋ミニゲームの王道は、ここに紹介するパチンコ系だろう。

現在販売されているタイプは、どれも九〇年代に発売されたものだそうだが、僕らが幼少期に遊んだミニパチンコの雰囲気を色濃く残している。採用されている複数の球を連打できるシステムはトミーの「ポケットメイト」（一九七五年）以降に普及したもので、かつてはたった一個の球で遊ぶものも多かった。「ゲーム&ウオッチ」が登場してから、僕ら世代もこうした電池不使用のミニゲームに見向きもしなくなってしまった。久しぶりにやってみると、鉄球をパチパチと弾く感触がとても楽しい。

●パチンコゲーム

発売年：1990年代　価格：各80円
問合せ：株式会社イケギ玩具制作所／06-6791-3838

「野球」「サッカー」「バスケット」の３種。どのゲームも高得点の「ホームラン」や「ゴール」は、おいそれとキメられないように設計されている。「あ、惜しい！」などと思いながらやっているうちに、ついつい夢中になってしまうのだ

タイムクラッシュ

同世代なら写真を見たとたんにピンとくるだろう。そう、一九七六年にエポック社から発売された「パーフェクション」にソックリなのである。ギリギリッとタイマー（ゼンマイ）を巻き、制限時間内にさまざまな形のピースを穴にはめこんでいく。時間切れになると「爆発」、つまりガシャッとバネが作動し、それまでにはめたピースがすべて飛びだしちゃう、というゲーム。時限爆弾のスリルが楽しめるわけだ。

数年前まではエル・プランニングが販売を手がけていたが、同社は消滅。この貴重なゲームも消えてなくなってしまうかと思いきや、なんとあのカワダが製造・販売を継承してくれた。かつての商品はボディーが青だったが、黒にリニューアルされてよりスタイリッシュに。僕は元祖の「パーフェクション」を買ってもらって遊びまくったクチだが、このゲームの焦燥感というか、スリルは唯一無二のもので、カチカチカチ……というタイマー音に煽《あお》られているうちに誰もがパニックになってしまう。ついに時間切れとなって、すべてが一瞬でオジャンになるときの敗北感も強烈だった。

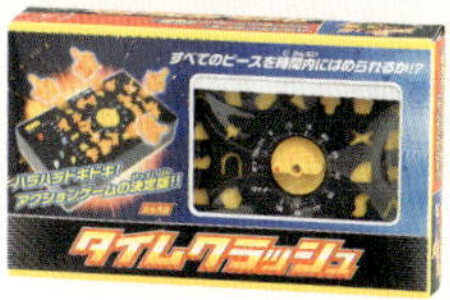

ルールや本体の構造は懐かしの「パーフェクション」とほぼ同じ。26個のピースのレイアウト、穴にピンを差す「スコアボード」も踏襲。ちなみに40年前の発売当時、「パーフェクション」の価格は1800円。「タイムクラッシュ」は安い！

●タイムクラッシュ

発売年：2003年　価格：1280円

問合せ：株式会社カワダ／03-3209-8770

ミッキーマウス　チクタクタウン

ボードゲームの老舗ハナヤマから二〇一二年に発売された商品。本書収録商品としては「最新」であり、もちろん復刻版でもない。……が、昭和っ子であれば、これを見てアレを連想するなというのは無理な相談である。そう、一九八四年に今はなき野村トーイから発売されて大ヒットとなったゲーム「チクタクバンバン」だ。

一五枚のパネルで構成される迷路を時計型の人形が進んでいく。進む先を見極めながらすばやくパネルを組み替え、ミスって脱線させてしまった人が負け。パズル要素を盛り込んだスリリングなゲームだ。ＣＭも盛んに放映されて大人気となり、なぜか時計人形を電話人形に変更した「きまぐれテレフォン」という姉妹品も登場した。

この「ミッキーマウス チクタクタウン」も、構造やルールは「チクタクバンバン」のものをほぼ踏襲。ベルの音でプレイヤーが交代する仕組みも同じで、あの「リンリン！」という音にセカされてハラハラする感じもキッチリと楽しめる。子ども時代、かなり高価だった「チクタクバンバン」を買ってもらえなかったという人は、ぜひ！

©Disney

「ミッキーマウス」のスピードは2段階で調節でき、難易度の変更も可能。消えてしまったアナログゲームの仕組みや構造を継承し、こうして平成っ子たちも楽しめる商品にリニューアルしていく動きは、もっと盛んになってほしい

●ミッキーマウス　チクタクタウン

発売年：2012年　価格：3980円

問合せ：株式会社ハナヤマ／0120-910-922

花札 大統領

八〇年代以降、世界的にも任天堂といえばデジタルゲームの代名詞的存在となったが、僕らの子ども時代、同社は奇抜なアイデアと工夫に満ちた「発明品」のような玩具を世に送り出す不思議なメーカー……というイメージがあった。伸縮するロボットハンドの玩具「ウルトラハンド」を筆頭に、室内でも楽しめるバッティングマシン「ウルトラマシン」、障害物の向こう側を見通せるスパイ道具のような「ウルトラスコープ」などの「ウルトラ」シリーズ、「光線銃」「ラブテスター」（本書で紹介した商品とは別。愛情測定器）など、あっと驚く玩具を続々と世に送り出していた。

さらにそれ以前の任天堂といえば、花札とトランプの老舗メーカーだ。そして、任天堂の看板商品として、どこのおもちゃ屋さんにも必ず常備されていたのが、この「花札 大統領」。あのナポレオンのような、あるいは仁丹のおじさんのような「大統領」印は、もの心ついたころから目にしている。この商品の発売年は古く、正確には特定できないが、同社が花札自体の製造を開始したのは一八八九年のことだそうだ。

かつては紙箱入りだったが、現行品はプラスチックケースに入っている。もちろん、あの印象的な「大統領」ラベルは昔のままだ。カッチリとした札の仕上がり、美しい印刷は、さすがに正統派の超ロングセラー商品という印象。同社の花札のラインナップは、ほかに「㊎天狗」(1500円)、「都の花」(1000円)などがある

●花札 大統領

発売年：不明　価格：2000円

問合せ：任天堂株式会社／0570-021-010

索　引

取材にご協力いただきました各企業様に心より感謝いたします。

あおぞら
浅野製作所
イケギ
池田工業社
石原ポリケミカル工業
市村商店
イトウ
井上玩具煙火
岩崎文具
イワヤ
エポック
太田煙火製造所
大屋商店

オガワスタジオ
学研マーケティング
カネコ
カワダ
クラウンモデル
小森屋商店
三英貿易
セキグチ
セキデン
タイガーゴム
タカラトミー
立岩商店
太郎と花子

ツバメ玩具製作所
テンヨー
童友社
任天堂
ハイカラ横丁
ハセガワ
ハナヤマ
バンダイ
Poof-Slinky,inc.
プレックス
ベル玩菓
宝作堂
ホームラントーイ

増田屋コーポレーション
丸惣
マルホ
ムライ製作所
メガハウス
ヨコタ
ラングスジャパン
ローヤル
ワカエ紙工
(五〇音順)

まだある。

今でも買える"懐かしの昭和"カタログ ～玩具編 改訂版～

2006年12月20日　初版第一刷発行
2006年12月30日　　　第二刷発行
2014年 8 月 3 日　改訂第二版第一刷発行

大空ポケット文庫

著　者　初見健一
発行者　加藤玄一
発行所　株式会社 大空出版

東京都千代田区神田神保町3-10-2 共立ビル8階　〒101-0051
電話番号　03-3221-0977
メールアドレス　madaaru@ozorabunko.jp
ホームページ　http://www.ozorabunko.jp
※ご注文・お問い合わせは、上記までご連絡ください。

写真撮影……関 真砂子
デザイン……大類百世　岡田友里　芥川葉子
校正……松井正宏
印刷・製本……シナノ書籍印刷株式会社
取材協力……NPO法人文化通信ネットワーク

ISBN978-4-903175-52-2　C0177